中國学術思想 研究輯刊

初 編
林 慶 彰 主編

第 19 冊

船山《論語》詮釋之研究

劉 用 瑞 著

花木蘭文化出版社

國家圖書館出版品預行編目資料

船山《論語》詮釋之研究／劉用瑞 著 — 初版 — 台北縣永和市：

花木蘭文化出版社，2008〔民 97〕

目 4+160 面；19×26 公分

（中國學術思想研究輯刊 初編：第 19 冊）

ISBN：978-986-6657-91-7（精裝）

1.（清）王夫之　2. 論語　3. 學術思想　4. 研究考訂

121.227　　　　　　　　　　　　　　　　　　97016392

ISBN - 978-986-6657-91-7

9 789866 657917

中國學術思想研究輯刊

初　編　第十九冊　　　　　　　ISBN：978-986-6657-91-7

船山《論語》詮釋之研究

作　　者　劉用瑞
主　　編　林慶彰
總 編 輯　杜潔祥
出　　版　花木蘭文化出版社
發 行 所　花木蘭文化出版社
發 行 人　高小娟
聯絡地址　台北縣永和市中正路五九五號七樓之三
　　　　　電話：02-2923-1455／傳眞：02-2923-1452
網　　址　http://www.huamulan.tw 信箱 sut81518@ms59.hinet.net
印　　刷　普羅文化出版廣告事業
封面設計　劉開工作室
初　　版　2008 年 9 月
定　　價　初編 28 冊（精裝）新台幣 46,000 元　　　版權所有・請勿翻印

船山《論語》詮釋之研究

劉用瑞　著

作者簡介

劉用瑞，一九五七年出生於福建省連江縣（馬祖南竿），大學就讀淡江大學中文系，台師大國研所教學碩士，現任教於台灣桃園縣中壢高中。

提　　要

　　本論文定名為「船山《論語》詮釋之研究」，是企圖通過論文的寫作，從船山針對《論語》的詮釋活動梳理出饒富意味，甚或脈絡清晰的詮釋體系來，蓋船山學雖無外在的系統相，卻包含著內在系統性，所以名之曰「船山《論語》詮釋之研究」。

　　先秦經典一直都是歷代思想家、學問家藉以思索天命、人事的基本文獻，他們也常通過對經典的注解、詮釋，來建立一己的思想體系。經典的詮釋不只是詮釋者一己思想的滲入，亦緊緊絡合了當代思潮和政治情勢，亦即除了個人的內在思想邏輯外，還有外在的實際需求。

　　船山身處明清鼎革，天崩地坼的時代，世運傾頹，士人多對經術作反思和檢討，究其與世運相為因果之跡，進而力思矯正。重經學以求通經致用，崇理學以賡續儒學道統，是當時士人的主要心態，也是當時學術思想的發展大勢。明季遺老耆宿透過對宋明理學，特別是其中援引釋老，談玄弄虛部分的揚棄，進而為原典挹注新的思想內容。從他們的心路歷程來看，則是由內聖而外王，或可說由內聖開出外王。

　　船山雖然僻處山野，但通過反思和觀察，他卻是能準確地掌握時代的脈動，所謂「明人道以為實學，欲盡廢古今虛妙之說而返之實。」他擯斥佛老，指責陸王之玄虛而求實，除對經典文本加以釐定，確詁聖人本意，進而光大聖諦之外，彌足可貴的是其中超越的意味和時代感。

　　雖然歷代思想家學問家對於經典的詮解，在不同的程度上都具備這種融舊鑄新的特質。但無疑地，船山詮解經典，在那政治極端杌隉，思想高度虛無的時空下，那股通經以求致用，注重經世濟民的胸襟和志向，是無可取代的。家國身世的遭遇，船山不踵繼屈原，不企學韓非；鬱鬱之心不潛移為〈離騷〉，悲愴之情不內化成〈孤憤〉，而以卓絕昂揚的精神、理性的態度、堅毅的心志，尋思探索立天地之大法，和扶長中夏之大道。

　　在方法論而言，無論是對經典的詮釋，或是對歷史的詮釋，船山的詮譯學更是饒富超越意味和時代感。就船山學而言，詮釋的目的在於批判，而批判的目的旨在重建，亦即經由詮釋的理解進路，以批判作為手段，最後以創造為目的，創造不是出於一己之臆造，而是道的彰顯。

　　《論語》作為一部中國的「聖經」、儒學的「聖經」，本意（intention）必須被不斷地彰顯。故本論文欲透過對船山有關《論語》詮釋之研究，涵攝其精神、心志和態度。無論本體思想或是方法論，船山「因而通之以造乎其道」的詮釋方法，值得探究，以融合古今，會通中西，思考建立中國詮釋學的可能；「欲盡廢古今虛妙之說而返之實」的精神，值得承續，再進而化生經典之新血脈。

目

次

第一章 緒 論

第一節 研究動機

本論文定名爲「船山《論語》詮釋之研究」，是企圖通過論文的寫作，從船山針對《論語》的詮釋活動梳理出饒富意味，甚或脈絡清晰的詮釋體系來，蓋船山學雖無外在的系統相，卻包含著內在系統性，所以名之曰「船山《論語》詮釋之研究」。

先秦經典一直都是歷代思想家、學問家藉以思索天命、人事的基本文獻，他們也常通過對經典的注解、詮釋，來建立一己的思想體系。

經典的詮釋不只是詮釋者一己思想的滲入，亦緊緊縎合了當代思潮和政治情勢，亦即除了個人的內在思想邏輯外，還有外在的實際需求。漢代章句之學興，所以漢儒注經多側重以客觀之法則來追溯經典本義；魏晉學風相異，得意而忘言，辨名以析理，所以魏晉文人注經則多詮釋者一己之學術風格；而佛教入中土，則又有「連類」、「格義」之詮解新方法。

就《論語》而言，兩漢經學昌明，而有今古文之爭。到了隋唐，經學則爲《五經正義》所壟斷，一直到宋代初年，《論語》之學，惟有注疏而已。慶曆以後，理學萌始，學者特重《論語》一書，二程表彰於前，朱子力倡於後，潛心編纂《四書》，賡續儒學道統。元明兩代，朝廷更進而頒布成爲科考之書，學子無不摩讀，朝廷有《四書大全》之刊行，因應科考又有高頭講章。《四書》懸爲功令的結果，卻也負面地造成曲解和扼殺。

船山身處明清鼎革，天崩地坼的時代，世運傾頹，士人多對經術作反思

和檢討，究其與世運相爲因果之跡，進而力思矯正。重經學以求通經致用，崇理學以賡續儒學道統，是當時士人的主要心態，也是當時學術思想的發展大勢。明季遺老耆宿透過對宋明理學，特別是其中援引釋老，談玄弄虛部分的揚棄，進而爲原典挹注新的思想內容。從他們的心路歷程來看，則是由內聖而外王，或可說由內聖開出外王。

船山雖然僻處山野，但通過反思和觀察，他卻是能準確地掌握時代的脈動，所謂「明人道以爲實學，欲盡廢古今虛妙之說而返之實。」〔註1〕他擯斥佛老，指責陸王之玄虛而求實，除對經典文本加以釐定，確詁聖人本意，進而光大聖諦之外，彌足可貴的是其中超越的意味和時代感。

雖然歷代思想家學問家對於經典的詮解，在不同的程度上都具備這種融舊鑄新的特質。但無疑地，船山詮解經典，在那政治極端杌陧，思想高度虛無的時空下，那股通經以求致用，注重經世濟民的胸襟和志向，是無可取代的。家國身世的遭遇，船山不踵繼屈原，不企學韓非；鬱鬱之心不潛移爲〈離騷〉，悲愴之情不內化成〈孤憤〉，而以卓絕昂揚的精神、理性的態度、堅毅的心志，尋思探索立天地之大法，和扶長中夏之大道。〔註2〕

在方法論而言，無論是對經典的詮釋，或是對歷史的詮釋，船山的詮譯學更是饒富超越意味和時代感。就船山學而言，詮釋的目的在於批判，而批判的目的旨在重建，亦即經由詮釋的理解進路，以批判作爲手段，最後以創造爲目的，創造不是出於一己之臆造，而是道的彰顯。

《論語》作爲一部中國的「聖經」、儒學的「聖經」，本意（intention）必須被不斷地彰顯；《論語》並非源發自宗教，而是來自生活，不是神的諭旨、天國的福音，而是人文的智慧、啓示的經典。作爲閱讀者，要如實真切地回到生命的場域中，去感知領受；作爲詮釋者，藉由理解，進而有所創發，他必須了解：詮釋不是單純的複製和還原過程，而是一種創生的過程。

無論是場域、或者身份，在時空點上，此時作爲一個儒家文化的主體所

〔註1〕 王敔：〈薑齋公行述〉，《船山全書》第十六冊，（湖南：嶽麓書社，1996年初版），頁81。
〔註2〕 船山在《黃書‧後序》中說：「拒間氣殊類之災，扶長中夏以盡其材，治道該矣。」（《船山全書》第十二冊，頁538）「中夏」一語，在船山而言，一指政治意涵上，中國的疆域以及以漢民族爲主體的政權；一指文化意涵上，擁有詩書禮樂之化的華夏文明。「扶長中夏」不只是政權的捍衛，更是文化的關注，船山廓清夷夏之大防，竭力維護華夏文明，就他而言，這不僅僅是學術問題，更是安身立命的根本課題。

在地的文化教育工作者，心情毋寧恆是沉重的。「儒家」和「儒學」，在文化意涵上，以西方的觀點，是涵攝整個東亞的，他們一體稱之爲 Confucianism。而我們自己大多數的人，亦常以之涵蓋整個中國文化的譜系。這樣的擴大化，無疑是籠統且帶渲染的，在認知上，除了顯現他們見解上的淺陋外，更不能容忍者，這其中帶著譴責、貶抑的意味在內，所以，就另一意義而言，反倒是窄化、矮化、扭曲了「儒學」和「儒家」。

除了來自外部的擠壓，造成華夏文化的扭曲之外，更令人憂心的是出自本身的排斥，一種在現代化過程中，自五四以降，一再被誤解爲進步絆腳石的尷尬。除了圖騰式的標記作用外，經典在政治和文化教育上，都只是一抹蒼白的顏色。經典內在的詮釋易傾向守舊的窠臼，外部詮釋則又容易陷於屈從政治權力的泥淖，儒家經典詮釋在中國現代性追尋中的處境，成了現實的摹本。無論是被視爲洩憤的物件，抑或對之採親合之立場，都是依違於時。因而，身處中華文化語境中，無論是被動地必須與經典對話的人，或者以爲只有反傳統，才能理解現代的人，都對傳統經典缺乏一種同情和敬意。

故本論文欲透過對船山有關《論語》詮釋之研究，涵攝其精神、心志和態度。無論本體思想或是方法論，船山「因而通之以造乎其道」的詮釋方法，值得探究，以融合古今，會通中西，思考建立中國詮釋學的可能；「欲盡廢古今虛妙之說而返之實」的精神，值得承續，再進而化生經典之新血脈。

第二節　研究範圍、方法

船山於《四書》，致力甚多，著述篇幅、字數遠超過其餘諸經。幾佔其著作之四分之一強，其中又以《論語》的篇幅最多，計有八種之多，此所以據以探討船山之詮譯活動者。

《讀四書大全說》乃取胡廣奉敕編纂之《四書大全》爲底本，隨文箚記，辨析義理，暢抒己見，個人色彩極爲濃厚。《四書訓義》乃依朱熹《四書章句集註》以訓釋其義理。雖作爲教授生徒的講義，劉人熙亦稱其能「闡鄒魯之宏旨，暢濂洛之精義，明漢唐之故訓，掃末學之粃糠，儒林鴻制，偉矣皇哉。」〔註3〕《四書箋解》乃爲家塾弟子授讀《四書》時所作箋解。著意子弟能涵泳原典，因文見道，免受高頭講章、俗濫時文的不良影響，具正本清源的作用。

〔註 3〕同前註。

《四書稗疏》、《四書考異》二書,則屬名物訓詁、制度考證之作。

明末清初學者反省當時學術思潮,而有了回歸原始儒學的嚮往和倡議。對回歸原始儒學所作的努力,其中最為要者,即是以對孔孟原始精神氣象的企求。船山一生讀書窮經,通曉經史,遍注群經,詮釋活動成了他在明屋既覆,身不得救亡之際,賡續文化道統的工具和利器。

時運際會加之學術上的自覺,船山能兼採漢、宋之長,考據、義理並重。在方法上,揭櫫忠於文本與原意的讀經態度,治學重考據以徵實。在思想上,船山亦有積極的超越意義,對士風及思潮,做全面的反思和探討,著重人倫日用與經世致用。

本論文不僅在探討船山「如何」詮釋《論語》,而也要更進一步探討他「為何」會如此詮釋《論語》。針對「為何」這個問題點,我們就船山所身處之時空背景,從思想史的角度來說明其原因;也由方法論,就船山自覺或不自覺的方法論預設,來檢討他的得失。

第三節　論述結構

船山學大體建立或表現在他對於先秦儒家經典的精密、信實,卻又富創造性的詮釋之上。朱子曾說:「《四子》(《四書》),《六經》之階梯。」〔註4〕所以本論文將深入探討船山有關《論語》的論述,如何承繼聖學,如何開創新局。

船山一生,與巨大變動的明末清初政治、經濟大環境緊相縐合,尤其是明清鼎革,社會劇烈變動的歷史事實,亦是其學思演化變衍的心路歷程。故首先藉由生平事蹟的整理,對其堅毅的生命力,更能深入體味,多所掌握,此所以不避前人、先進之已有,於第二章概述其生平。綜其一生,以學思、事功之轉捩為依據,分成五個時期:一是讀書立志,身遭國難的青少年時期;二是出入險阻,舉兵抗清的青壯年時期;三是避兵流亡,開始講學的中年初期;四是講學著述,淹貫經史的中年後期;五是會通釋、莊,浸淫百家的晚年時期。

明清鼎革,就思潮的變遷歷程而言,是由明朝理學思潮趨向清朝實學思潮的變遷歷程。晚明諸老心路歷程是由內聖而外王,或者說就其理論之建構,

---

〔註4〕朱熹:《朱子語類,卷第一百五十,朱子二,論自注書》(臺北:正中書局,1973年),頁4173。

是企求由內聖而開出外王。通過對宋明理學，特別是其中援引釋老，談虛弄玄成分的揚棄，回歸經典，並為之挹注新的思想內容。第二章第三節先就時代脈絡，談明末清初儒學思潮之遷變中，「提倡經學以回歸經典」和「建構義理以回歸經典」兩大學術改革重心，接著析論船山「激濁以揚清」、「返本以開新」二項學思使命及特色。

船山自顏墓誌銘云：「希張橫渠之正學，而力不能企。」〔註5〕船山以為張載之學說思想，乃是孔孟一脈儒學道統之傳人，不僅是繼往以開來，更能「下救來茲之失」，故推崇其功不下孟子。尤神契《正蒙》一書，於清虛一大之旨，陰陽象法之狀，往來原反之故，靡不有以顯微抉幽，晰其奧窔。船山「太虛即氣」，是對張載「虛空即氣」此一命題的詮解。而張載「體用殊絕」、「山河見病」的思想，也為船山舉以為批判佛老的素材。但張載並未將「氣」提升至本體的層次，船山於此對關學承繼之餘，亦能弘舉創發性的積極詮釋效能。

不同於當時儒學的心學主流，船山自許於傳統儒學能「開生面」，以「人」為首出，以「史」為歷程，以「道」為中心。船山強調詮釋有道德志業，歷史文化凝成的創造性意義。一個是由詮釋者透過對經典的詮釋活動，上而調逐於道的進路；一個是由道開顯於經典以及詮釋者，強調體驗的實踐進路。〔註6〕

古典的詮釋學派的詮釋活動，是要盡可能地依循創作者心思或作者意圖，以及原本的歷史情境，去理解文本。詮釋學在這一個時期主要的思考重心和學術任務，就是如何讓經典呈現其精神原貌，以期達到「精確地」和「同樣地」理解，亦即船山所云：「看聖賢言句，卻須還他本色，無事攀緣求妙。」〔註7〕

船山的《四書稗疏》、《四書考異》二書，著重以「文字」、「聲韻」、「訓詁」、「考據」客觀的法則，考掘經典原意。他以為欲通達曉明經義，必自考文始，藉由名物制度之訓詁，對《論語》原初意蘊，才有真切的掌握。

〔註5〕王夫之：〈自題墓石〉，《船山全書》第十五冊，（湖南：嶽麓書社，1996年初版），頁229。

〔註6〕林安梧先生以為「（船山歷史詮釋法）深染中國傳統所謂的『體驗法』。不過它實又因以通之，調適而上遂的改造了中國傳統的『體驗法』。傳統所說的『體驗』一詞指的是『親知』，而船山這裏強調的『體驗』則是一種『驗之以體』及『以體驗之』的活動。」（《王船山人性史哲學之研究》，頁86～87）。

〔註7〕王夫之：《讀四書大全說‧憲問篇》，《船山全書》第六冊，（湖南：嶽麓書社，1996年初版），頁807。

　　船山以爲：「讀《論語》須是別一法在」,「須于此看得下學、上達同中之別,別中之同」〔註8〕所以「與《學》、《庸》、《孟子》不同。」因爲「《論語》是聖人徹上徹下語」。第四章第一節,先從「普世法則」、「貼切原意」、「實踐精神」三個面向,掌握船山的讀《論語》心法。繼而就「還他本色」的原初意蘊掌握上,分別從「文理脈絡的掌握」、「字形的考正」、「字音的考正」、「字義的考正」,探討船山如何以漢學之根基,依客觀的法則,來闡發《論語》的原始義蘊。

　　船山詮釋經典,在現實取向上,亦至爲強烈,詮釋活動乃是淑世、經世和濟世心志之展現,「事實判斷」和「價值判斷」相縉合貫。船山批駁佛老,所惡者：佛老之以虛爲教,毀棄人倫日常之教；佛老之立體而廢用,離行以爲知。且非以佛老思想,作爲唯一的批判對象,而是藉以矯正理學末流,歧入於主體境界修養講求,而疏略於道德實踐之偏失。這種將思想與歷史、社會結合的意識型態批判,亦緊相關涉船山「救亡圖存」的政治目的。

　　第五章,從船山作爲一個批判重建者之詮釋活動著手。站在護教的立場,船山批判佛老思想悖於正學,究其因,乃佛老之立體而廢用,不合聖賢學問只是一實者。且「用既廢,則體亦無實。」而聖人之學,乃踐形、盡性之學,故又從人倫物理的角度,批判佛老「厭棄物則,而廢人之大倫」的不當。船山主張「性日生而日成」,聖人之教,即物以窮理,事外無可執之理,理外無可用之心,佛老之離行以爲知,乃偷安幸獲,語上而遺下,舉一而廢百,故船山亦加以批判。

　　船山訶斥佛老爲異端,於宋明諸儒,則攻陸王尤烈。對於陽明之學,批駁其但顯心之創造性本體,徒恃良知,卻不注重學問之積累,不重視道德事業之眞實開展,致使無法循歷史進路,以人爲首出,來成就眞實事業。船山作爲一有政治取向的詮釋者,以注疏經典寓託經世濟民的政治抱負,對時代所面臨的困境,提出解決的方案,所以最嚴厲的批判是針對理學末流而發。理學末流不在自家體貼,而各誦先師之言,互相詰難,形成「寧道孔孟誤,諱說程朱非」的社會風氣,儒家原旨晦而不彰。於聖人微言分剝而喪其眞。此正爲船山與有識者之最不可忍者。究其批判進路,亦有以下數端:一是批判末流之廢體而立用,二是批判末流之毀棄人倫物理,三是批判末流之徵證

失當，悖離史實。在學術上，船山通過對理學末流的批判，希企能一滌其但求主體境界修養，而疏略於道德實踐之失；在政治上，他希望能撥亂反正，挺立昂揚的民族心志，來挽時局之狂瀾。

船山的《四書》注疏，主要以朱熹的《四書集註》作爲底本，但他並不因人廢言，也不因人而立論，「經義固必以《章句集註》爲備，但不可背戾以浸淫於異端。若《註》所未備，補爲發明，正先儒所樂得者。」〔註9〕以批判加以繼承，以事實據以評價，使船山得擺脫《論語》研究宗派門戶的束縛，於學術上自成一家，而有所超越者。第五章第三節，首先探討船山在詮釋上如何匡正《集註》偏失，以期能更合原義。另船山亦多能跳脫前人注疏之侷限，能深入考掘文本，而能更明原義，此其「出新意於陳編」，作爲重建者的詮釋活動者。

西方的詮釋學（Hermeneutics）在近十餘年受到我們普遍的重視。中國的訓詁學和西方的詮釋學同樣具有悠久的傳統，它們共同的目標，旨在解釋語言、文字的意義。在長遠的傳承過程中，也形成了許多共同的方法和規則。「中國經典詮釋傳統」一詞，一是指「經典」和「經典詮釋」；一是指立足現代，對「經典」和「經典詮釋」的「理解」和「詮釋」。前者著重於對歷史事實的關注，後者則側重於綰合西方詮釋理論的方法建立。

現在，不只是「經典」進入了歷史，甚或「經典詮釋」也走入過往，成爲歷史一部分。因此，由「經典」而「經學」而「經學傳統」，由於時間所累積、沈澱，也是「『需要』、『應該』與『可以』進行歷史敘述性的整理、理解和闡釋。」因此在「附錄一」就「詮譯學」與中國經典，剖析彼此的發端與流變、歧異與類同、分化與合流。第二節簡述船山「以人爲首出，以史爲歷程，以道爲中心」的詮釋觀。同爲經典研究的方法論，對其除了作歷史性回顧外，更著重彼此會通的可能性以及未來的展望。

因爲詮釋學（Hermeneutics）具有文本詮釋方法上的普遍意義，近年來，除了對西方有關大師重要理論著作的譯介之外，海內外許多華人學者，也試圖將其與中國的經典詮譯傳統進行有機結合，嘗試建立具有中國特色的詮譯學體系和詮釋學方法。舉其要者有：傅偉勳教授、成中英教授、湯一介教授、黃俊傑教授、林安梧教授等人。於第三節，分別就他們的研究重心和成就：

〔註 9〕　王船山：《薑齋詩話，夕堂永日緒論外編》，《船山全書》第十五冊，（湖南：嶽麓書社，1996 年初版），頁 854。

傅偉勳的創造詮釋學、成中英的本體詮釋學、湯一介的「中國解釋學」的創建、黃俊傑的「中國文化經典的詮釋傳統」研究計畫、林安梧的〈道言論〉，予以掌握，此亦藉此論文寫作，踵繼先進前賢，以期未來者。

忝爲中學的國文教師，以傳授文化經典爲志業，此類同於船山之講課授徒者；而賡續道統之慧命，此亦同於船山者；時代之焦慮感，亦有似船山者。是以在教學場域中，不時亟思在詮釋上有所突破，能使經典與年輕學人，在生活上有更多的互動，在聲息上有更多的互通、共鳴。是以在《論語》教學上於反思之餘，就現狀在方法、手段上，亦期透過新的嘗試而有所突破者。故在篇末，將平日教學工作之些微心得、感懷以及努力附錄其後。

首先針對現今中學《論語》教學，就教學場域中的現狀予以剖析，了解其在課程規劃上的客觀條件，以及施教者與受教者兩造的主觀心態，以及在主客交互影響下，所導致的邊緣化地位、淺盤式的教學困境。再透過問卷，掌握學生對《論語》之先見，並經由問題設計的引導，讓他們能較深刻地思考主體文化和經典，對一己生命的意義、價值及影響。

經典的活化，不僅是語言的問題，更是思維的問題。新世代的年輕人，習慣以西方的思維看待事物。爲了貫穿障礙，消弭隔閡，所以在《論語》教學時，思考援引西方的觀念、詞語以及事例，以爲方便法門。一則讓學生易於體會，一則也讓學生在如此的比附中，瞭解到「東方有聖人出焉，西方有聖人出焉，此心同，此理同。」使其能覺知得「眞理、人情之共通性」，更重要的，是要破除其對母體文化的偏見和信心的失落感。略舉《論語》六章，以平日所思以及授課資料講義鋪陳整理，從貼近年輕學子的思維面、生活面之觀念和題材，對《論語》作出嘗試性的詮釋。此或缺乏學術研究的嚴謹工夫，但卻是教學場域的實錄，站在文化教學工作者的立場，所欲使經典能在新世代身軀中生筋化血者。

第二章　船山傳略及其學思之特色

第一節　名號與家世

一、名　號

　　王夫之，湖南衡陽人。生於西元 1619 年（明，萬曆四十七年），卒於西元 1692 年（清，康熙三十一年）。字而農，別號薑齋，一號賣薑翁，中歲稱一壺道人，更名壺，一號一瓠道人、一瓠先生或瓠道人，又號雙髻外史、檮杌外史；晚歲居於湘西蒸左之石船山，稱船山老人，或船山老農、船山遺老、船山病叟，學者稱船山先生。所評選詩作名曰《夕堂永日》，人之贈答者，又稱夕堂先生。

二、家學淵源──「始以武勳，繼以文德」

　　船山先世自中原受族，後徙江蘇揚州之高郵，明朝永樂初期，因官衡州衛，遂定居衡陽。﹝註1﹞世以軍功顯，至太祖王震，既掌衛事，「尤篤於經術理學」，﹝註2﹞從此王家「束修文教，絃誦不衰」。﹝註3﹞高祖王寧，「始以文墨教子弟，

﹝註 1﹞　王夫之：〈顯考武夷府君行狀〉：「家世自太原受族以來，中衰無傳。泝先君子而上，十世祖驍騎公諱仲一，始可系述。驍騎公為直隸揚州府高郵州人，元末起兵，從高皇帝定中原，累功授世秩。驍騎公配馮宜人，生輕車公諱全，以靖難功，擢懷遠將軍輕車都尉，世衡州衛指揮同知，遂籍於衡。」《新譯薑齋文集》（臺北：三民書局，1998 年），頁 99。
﹝註 2﹞　同前註。

起家儒素焉」。〔註4〕曾祖王雍,「以文名著南楚,絲歲薦授武岡州訓導,遷江西南城教諭」。〔註5〕祖父王惟敬,「居家嚴整,晝不處于內」;「課先君泊仲叔二父誦習,每秉鐙對酒,真筆硯座隅,令著文藝,恆中夜不輟」。〔註6〕勤課嚴教,父王朝聘、叔父王廷聘、王家聘,均為飽學之士,一鄉之賢。

父王朝聘,字逸生,一字修侯。尊崇朱熹道學,以武夷為朱子會心之地,遂以題書室,學者稱其為武夷先生。船山論其父為學要旨:

> 先君子少從鄉大儒伍學父先生定相受業,先生授徒殆百人,先君子為領袖。雖從事制義,而究極天性物理,斟酌古今,以發抒心得之實。〔註7〕

伍定相並以「天人、理數、財賦、兵戎」〔註8〕之學授以王父,於義理象數之學,經世實踐之科,兼容並涵。但由於「先君子早問道於鄒泗山先生,承東廓之傳,以真知實踐為學」。〔註9〕東廓先生即鄒守益,乃泗山之祖父,為江右王學正傳代表。是以王朝聘學承程朱、陸王之學,希冀會通。惟「當萬曆中年,新學浸淫天下,割裂聖經,依傍釋氏,附會良知之說。先君子獨根極理要,宗濂洛正傳,以是七試鄉闈不第。」〔註10〕所謂「新學」,即陽明心學。當士人以崇尚釋、老為時尚時,王朝聘「敦尚踐履,不務頑空」;〔註11〕「不與佛老人游」,「終身未嘗向浮屠、老子像前施一揖」。〔註12〕他一反熱衷心性空談之學風,以「真知實踐為學」,已與明末空疏化的程朱理學不相契合。

叔父王廷聘,字蔚仲,學者稱牧石先生,與兄少時同受業伍定相門下。「古

〔註3〕 王夫之:〈顯考武夷府君行狀〉,《新譯薑齋文集》(臺北:三民書局,1998年),頁100。

〔註4〕 王夫之:〈家世節錄〉,《新譯薑齋文集》(臺北:三民書局,1998年),頁400。

〔註5〕 王夫之:〈顯考武夷府君行狀〉,《新譯薑齋文集》(臺北:三民書局,1998年),頁100。

〔註6〕 王夫之:〈家世節錄〉,《新譯薑齋文集》(臺北:三民書局,1998年),頁403。

〔註7〕 王夫之:〈顯考武夷府君行狀〉,《新譯薑齋文集》(臺北:三民書局,1998年),頁107。

〔註8〕 王夫之:〈顯考武夷府君行狀〉,《新譯薑齋文集》(臺北:三民書局,1998年),頁112。

〔註9〕 王夫之:〈顯考武夷府君行狀〉,《新譯薑齋文集》(臺北:三民書局,1998年),頁112。

〔註10〕 王夫之:〈顯考武夷府君行狀〉,《新譯薑齋文集》(臺北:三民書局,1998年),頁108。

〔註11〕 王夫之:〈家世節錄〉,《新譯薑齋文集》(臺北:三民書局,1998年),頁407。

〔註12〕 王夫之:〈家世節錄〉,《新譯薑齋文集》(臺北:三民書局,1998年),頁406。

詩得建安風骨，近體逼何李而上，深不喜竟陵體詩」〔註13〕另船山在〈牧石先生暨吳太恭人合祔墓表〉中稱其仲父「於時公安竟陵哀思之音，歆動海內。先生斟酌開天，參伍黃建，拒姝媚之曼聲，振嚘吰之亢韻。」〔註14〕少年船山，「披猖不若庭訓，先生時召置坐，酌酒勸戒，教以遠利蹈義，懲傲撝謙，撫慰叮嚀，至于泣下。」〔註15〕是以廷聘仲父對船山詩文成就、道德言行均有莫大之啟發與影響。

長兄王介之，字石子，號耐園，人稱石崖先生，長船山一十三歲。「為學篤敏」，〔註16〕潛心經學，頗有所得。著有《周易本傳質》、《春秋四傳質》、《詩傳合參》、《春秋家說補》、《詩經尊序》等書。船山四歲時與二兄參之同入塾從長兄受讀，在學術啟蒙上，尤其是經學上多所受益。

二兄參之，字立三，深究文史，「卒以文章名南楚」。〔註17〕

夫之家學淵源深厚，自幼陶鑄裁成，終成大器，是有所本。

第二節　生平事蹟

船山一生，與巨大變動的明末清初政治、經濟大環境緊相綰合，尤其是明清鼎革，社會劇烈變動的歷史事實，亦是其學思演化變衍的心路歷程。綜其一生，約可分成五大時期：

一、讀書立志，身遭國難的青少年時期

西元 1619 年（明，萬曆四十七年）～西元 1644 年（明，崇禎十七年）

船山自幼穎悟過人，負俊才，少時即嶄露頭角。

四　歲：入塾從長兄介之受讀。

七　歲：讀畢《十三經》。

〔註13〕王夫之：〈家世節錄〉，《新譯薑齋文集》（臺北：三民書局，1998 年），頁 404。
〔註14〕王夫之：〈牧石先生暨吳太恭人合祔墓表〉，《新譯薑齋文集》（臺北：三民書局，1998 年）頁 155。
〔註15〕王夫之：〈牧石先生暨吳太恭人合祔墓表〉，《新譯薑齋文集》（臺北：三民書局，1998 年）頁 157。
〔註16〕王夫之：〈石崖先生傳略〉，《新譯薑齋文集》（臺北：三民書局，1998 年）頁 79。
〔註17〕王夫之：〈石崖先生傳略〉，《新譯薑齋文集》（臺北：三民書局，1998 年）頁 75。

十 四 歲：考中秀才，贏得鄉譽。

十 六 歲：學韻語，閱古今人所作詩不下十萬。

二十一歲：與郭鳳躚、管嗣裘、文之勇初集「匡社」，以文會爲名，欲匡時舉
國。

二十四歲：與長兄、二兄同赴武昌應鄉試，以《春秋》第一中式第五名。

二十五歲：張獻忠陷衡州，慕名招請船山兄弟，不從。部將遂羅致其父，「夫
之聞先君在繫，乃殘毀肢體，舁簀到郡，守候徹夜乃不果。明日
遂以計脫遁。」。〔註18〕

二十六歲：五月清兵入關，十月清世祖福臨遷都北京，即帝位。船山始聞國
變，悲憤不食者數日，作《悲憤詩》一百韻，吟已輒哭。初冬，
在南岳雙髻峰黑沙潭畔，築續夢庵，以期「殘夢續新詩」。〔註19〕

二、出入險阻，舉兵抗清的青壯年時期

西元 1645 年（清，順治二年、明，福王宏光元年、唐王，隆武元年）～西元
1653 年（清，順治十年、明，桂王永曆七年）

二十七歲：是年春，清軍分三路南下，遂有揚州十日，及嘉定三屠之慘劇。
南明弘光政權一年而沒。是時劉宗周絕食死國難，黃宗羲昆仲於
太湖一帶聚眾起義，顧炎武和歸莊、吳其沆等在昆山發難，但此
兩起抗清行動均告失敗。聞南明弘光王朝覆滅，再作《悲憤詩》
一百韻。

二十八歲：上書湖北巡撫章曠，指畫兵食，請調和南北，督師以防潰變，不
果。八月清兵下汀州，唐王被執，聞變，《續悲憤詩》一百韻。桂
王立於肇慶，改明年爲永曆元年。

二十九歲：聞知桂王在武岡，偕夏汝甸間道奔赴，因雨受困車架山，不果往。
十一月，武夷先生卒。

三　　十歲：十月與管嗣裘、夏汝弼於衡山方廣寺舉兵抗清，戰敗軍潰。投奔
南明永曆王朝，受薦爲翰林院庶吉士，以居父喪請辭。

三十二歲：至廣西梧州，任永曆王朝行人司行人之職。東閣大學士王化澄招

〔註18〕王夫之：〈家世節略〉，《新譯薑齋文集》（臺北：三民書局，1998 年）頁 430。
〔註19〕王夫之：《薑齋詩集，憶得，土門望師子峰用舊作韻》，《船山全書》第十五冊
（湖南：嶽麓書社，1996 年初版），頁 697。

權納賄，黨同伐異，迫害忠良，下給諫金堡等於獄。船山挺身營
救，反遭構陷，憤激咯血，移疾求去。八月母卒。

三十四歲：徙居耶薑山。當李定國出兵粵楚兩地，屢有克捷，兵入衡州時，
招請船山襄贊軍務，幾經躊躇，終不往。〔註 20〕是年，方以智披
緇為僧。

　　這一時期為了揚舉國族大義，船山履涉險阻，積極參與政治，既凜然舉
兵抗清，又剛毅不阿地諫劾南明永曆朝廷內奸黨。雖壯志未遂，只得悲憤於
懷，因而「退伏幽棲，俟曙而鳴」。〔註 21〕天崩地解的世局，召喚其登上歷史
的舞台，悲愴的際遇，惻怛的襟懷，兩相糾結縐合，逐漸把船山磨鍊成一個
更富義蘊，更具個性的哲人。

三、避兵流亡，開始講學的中年初期

西元 1654 年（清，順治十一年、明，永曆八年）～西元 1657 年（清，順治
十四年、明，永曆十一年）

三十六歲：為避兵禍，輾轉流離於湘南各地，隱姓埋名，改易衣冠，自稱猺
人。幸獲隱士接濟，在常寧西莊源授徒，主講《易經》、《春秋》。

三十七歲：自此兩年間，浪跡於湘南浯溪、郴州、耒陽、常寧、漣邵一帶。
雖困頓有加，惟不忘潛心著述，著手寫作《周易外傳》，《老子衍》
初稿亦完成於此時；亦於寺院，為從附者說講《易經》、《春秋》。

三十八歲：三月寫成《黃書》，以「拒間氣殊類之災，扶長中夏以盡其材。」
〔註 22〕

三十九歲：結束近四年的流亡生活，回衡陽，居南岳蓮花峰下續夢庵。與劉
近魯時相往來，劉藏書六千餘卷，常往借閱。

　　「俟曙而鳴」的抗清復明活動，節節敗退，政治的黎明時分遙遙無期，
船山採用另一鳴放心志的方式：由「立功」轉而「立德」、「立言」。講學授徒，

〔註20〕王夫之欲將從明以身殉國難，又以孫可望挾持桂王，義不可辱，乃作〈章靈
賦〉以明志。但心仍多所進退縈迴，猶豫不決。後作〈家世節錄〉言不應「違
君臣大義」，「拂衣以遁」。不然「或得披草凌危，以頸血效秫侍中濺御衣，何
至栖遲歧路，至于今日，求一片乾淨土以死而不得哉！」

〔註21〕王夫之：〈章靈賦〉，《新譯薑齋文集》（臺北：三民書局，1998 年），頁 335。

〔註22〕王夫之：《黃書，後序》，《船山全書》第十二冊（湖南：嶽麓書社，1996 年初
版），頁 538。

著書立說自此成了他生命的主要志業。

於此數年間，講學著述，其中《周易外傳》對一系列中國傳統哲學命題：「道器」、「易象」、「體用」、「動靜」、「新故」、「生死」、「一兩」、「天人」、「太極」、「陰陽」、「常變」等範疇，以創造性的詮釋，樹立一己哲學的特色。

《老子衍》一書，對老子「入其壘，襲其輜，暴其恃，而見其瑕」。〔註23〕廢黜昔日註者之殊宗異說，試圖還原《老子》的本來面目，並據以揭露批判宋明理學家理論上之偏頗與實踐上之謬誤。

《黃書》堪稱船山早期的政治宣言，對憂危的時局「哀其所敗，原其所劇。」痛定思痛，欲藉「述先事之失」，矯除時弊，以振國族，是一透闢精警的著作。

四、講學著述，淹貫經史的中年後期

西元 1658 年（清，順治十五年，明，永曆十二年）～西元 1675 年（清，康熙十四年）

此期船山大多隱居於敗葉廬，講學、授徒以及著述，是這個時期最重要的活動。「三藩之亂」時，船山亦頻繁活動於各地，考察山川形勢，欲圖有所為，然事與願違。

四十二歲：夏間，徙居衡陽金蘭鄉高節里，於茱萸塘編箂為舍，名之為「敗葉廬」。多作〈正落花詩〉以明心志，有「作色瞋風憑血勇，消心經雨夢形殘；三分國破棟心苦，六尺孤存梅豆酸。薄命無愁聊嫵媚，東君別鑄鐵為肝。」〔註24〕詩句。

四十三歲：清兵入緬甸，桂王被執，南明覆滅。鄭成功收復臺灣。

四十四歲：聞桂王為吳三桂縊死於昆明，作《三續悲憤詩》一百韻。是年，黃宗羲著《明夷待訪錄》，顧炎武著《天下郡國利病書》。

四十五歲：九月，撰成《尚書引義》初稿。清廷大興文字獄，莊廷鑨《明史》一案，七十餘人遭誅殺，百餘人遭流放，對士大夫「立言」乃一大打擊。

〔註23〕王夫之：《老子衍，自序》，《船山全書》第十三冊（湖南：嶽麓書社，1996年初版），頁15。

〔註24〕王夫之：《薑齋詩集，正落花詩，其十》，《船山全書》第十五冊，（湖南：嶽麓書社，1996年初版），頁568。

四十六歲：不顧文字可能興獄，撰成《永曆實錄》，記載南明永曆王朝十六年
　　　　　間的史實，並爲抗清英雄立傳，表彰其義行。

四十七歲：重訂《讀四書大全說》，〔註25〕就「道器」、「心物」、「知行」、「理
　　　　　勢」、「理欲」等哲學範疇，開新生面。

五　十　歲：《春秋家說》、《春秋世論》二書寫成於是年。《春秋經》乃船山之
　　　　　家學，念其「府君永逝，迄今二十有二載，夫之行年五十，悼手
　　　　　口之澤空存，念菌蟪之生無幾，恐將佚墜，敬加詮次，稍有引伸，
　　　　　尚多疏忘，豈曰嗣先，聊傳童稚云爾」。〔註26〕是書把評史、論政
　　　　　二者會通，名爲說經，實則以古喻今，「橫生枝節」。〔註27〕

五十一歲：撰成《續春秋左氏傳博議》。是年冬，遷至新築草屋「觀生居」，
　　　　　自題「六經責我開生面，七尺從天乞活埋」堂聯。

五十二歲：顧炎武完成《日知錄》八卷。

五十三歲：重訂《詩廣傳》，〔註28〕借《詩經》中詩句闡述一己的「性日定、
　　　　　心日生、命日受」的觀點。是年，方以智勸其逃禪，不應。

五十四歲：重訂《老子衍》。〔註29〕是年，其友郭都賢以文字獄遇害南京，方
　　　　　以智被補，押解途中去世。船山均有詩悼念。

五十六歲：三藩舉兵南部，鄭經亦在臺灣出檄討清。船山雖不齒吳三桂之行，
　　　　　惟亦對其軍事行動寄予厚望，曾多次考察山川形勢。有詩寄興：「山
　　　　　城猶百里，戰伐不相知。禾黍經時畢，冠裳入望疑。微霜開驛路，
　　　　　落日返樵吹。回念巴邱北，銀濤卷繡旗。」〔註30〕抒發他對時局

〔註25〕依其是年所作〈和梅花百詠詩序〉中所謂「時方重訂《讀書說》，良不暇及」
　　　　一語，推斷是書當訂稿於是年。
〔註26〕王夫之：《春秋家說，敘》，《船山全書》第五冊（湖南：嶽麓書社，1996年初
　　　　版），頁107。
〔註27〕《四書全書總目提要》所謂：「是書前有自序，稱大義受於其父，故以家說爲
　　　　名。其攻駁胡傳之失，往往中理。……多詞勝於意，全書論體，非說經之正
　　　　軌。……連篇累牘，橫生枝節，於《春秋》更無關矣。」
〔註28〕依據王孝魚：〈中華本點校說明〉，《船山全書》第三冊（湖南：嶽麓書社，1996
　　　　年初版），頁517～518。
〔註29〕《老子衍跋》：「友人端笏須竹攜歸其家，會不戒於火，遂無副本。后五年戊
　　　　午，男敔出所藏舊本施乙注者，不忍棄之，復錄此編。」是以現存者爲其早
　　　　年初稿。
〔註30〕王夫之：《薑齋詩集，六十自定稿，上湘旅興，其五》，《船山全書》第十五冊
　　　　（湖南：嶽麓書社，1996年初版），頁349。

關注之情。

五十七歲：頻繁活動於各地，時與南明舊部將、官員聯繫。惟清廷統治勢力
　　　　　日漸強大，吳三桂又難有所成，度時審勢，自覺「興亡多事天難
　　　　　定，去住皆愁夢未眞」。〔註31〕是年深秋，於荒僻的石船山，築草
　　　　　堂而居之，名曰「湘西草堂」，又自題堂聯云：「芷香沉水三閭國，
　　　　　蕪綠湘西一草堂」。

　　明朝覆滅，有高度自覺的知識份子，開始從思想上深刻地反省，並因而
掀起著重國計民生的實學風潮。船山縱使生活坎坷困頓，內心仍傾注熱忱，
在故土衡陽，潛心教學和著述之餘，對時局亦多關注。驚聞李定國、李來亨
等慷慨死難而撰寫《永曆實錄》、《籜史》，爲忠貞之士立傳。亦完成《春秋家
說》、《春秋世論》、《續春秋左氏傳博議》三本一組的史學著作，建構出一己
歷史哲學的理論架構。也以朱熹《四書集註》爲底本，溯其源流，繹其思想，
判其得失。通過《讀四書大全說》、《四書訓義》兩本詮釋《四書》的著作，
對宋明理學諸流派，考辨異同，先否定陸王，繼而改造程朱。《尙書引義》一
書，力圖淹貫經史，通會百家，開六經之生面。這一時期，在學術上建樹卓
著。

五、會通釋、莊，浸淫百家的晚年時期

西元 1676 年（清康熙十五年）～西元 1692 年（清康熙三十一年）

　　晚年歲月，船山大部分在湘西草堂度過，潛心著述，精研哲理。其子王
敔在〈薑齋公行述〉中說：

　　　　自入山以來，啓甕牖，秉孤鐙，讀十三經，廿一史及朱、張遺書，
　　　　玩索研究。雖飢寒交迫，生死當前而不變。迄於暮年，體羸多病，
　　　　腕不勝硯，指不勝筆，猶時置楮墨於臥榻之旁，力疾纂註。〔註32〕

五十八歲：開始撰寫《周易大象解》，認爲：「《大象》之《彖》、《爻》自別爲
　　　　　一義。取《大象》以釋《彖》、《爻》，必齟齬不合，而強欲合之，
　　　　　此《易》學之所由晦也。《易》之以筮，而學存焉，唯《大象》純

〔註31〕王夫之：《薑齋詩集，留別聖功》，《船山全書》第十五冊（湖南：嶽麓書社，
　　　　1996 年初版），頁 552。

〔註32〕王敔：〈薑齋公行述〉，《船山全書》第十六冊（湖南：嶽麓書社，1996 年初版），
　　　　頁 73。

乎學《易》之理，而不與於筮」。〔註33〕黃宗羲編成《明儒學案》。

五十九歲：《禮句章句》定稿，該書爲授課講義，〈大學〉、〈中庸〉等篇仍沿朱熹舊說，非自得之作。是年，吳三桂敗走衡州。

六 十 歲：是年三月，吳三桂稱帝衡州，國號大周。命船山擬勸進表，以收攬人心，婉詞拒之，遂走深山，作〈袚襖賦〉以明心志。是年，清廷大開博學鴻儒科，藉以網羅明遺民逸士。黃宗羲、顧炎武、李顒、傅山等堅持不受；朱彝尊、湯斌、毛奇齡等則應徵入京任職。

六十一歲：著《莊子通》，序文云：「凡莊生之說，皆可因以通君子之道，類如此。故不問莊生之能及此與否，而可以成其一說」；〔註34〕「因而通之，可以與心理不背。」肯定《莊子》一書中的合理思想，「因而通之」；也批判其「逃之空虛」的部份。

六十二歲：編定《六十自定稿》。

六十三歲：春夏兩度病哮喘。秋，應先開上人之請，撰《相宗絡索》，辨析法相宗思想體系。爲門人講說《莊子》，並撰成《莊子解》。〔註35〕

六十四歲：是年九月，寫成《說文廣義》，是書爲文字學專著，旨在匡謬正俗，及曉喻初學。十月，寫成《噩夢》，是書爲政論著作，針對當時政治、經濟等問題，提出具體的改革主張。

六十五歲：重定《詩廣傳》舊稿。清軍進駐臺灣，清廷自此政治版圖一統。

六十七歲：是年八月寫成《楚辭通釋》，以爲「屈子以哀怨沈湘，抱今古忠貞之慟，其隱情莫有傳者。」〔註36〕因爲之作注。九月，病中勉爲門人撰《周易內傳》。

六十八歲：重訂《周易內傳》及《發例》，《思問錄》、《四書箋解》二書，亦當完成於此時。是年元月，長兄介之卒。

六十九歲：撰《讀通鑑論》。以歷史進化論點評論史事，理勢相成，盡古今之變，以達人事之宜。

〔註33〕王夫之：《周易大象傳·序》，《船山全書》第一冊（湖南：嶽麓書社，1996年初版），頁695。

〔註34〕王夫之：《莊子通·敘》，《船山全書》第十三冊（湖南：嶽麓書社，1996年初版），頁493。

〔註35〕據《薑齋詩集·七十自定稿，南天窩授竹影題用徐天池香煙韻七首，其六》自注：「時爲先開訂《相宗》，并與諸子論《莊》。」二句推測之。

〔註36〕王敔：〈薑齋公行述〉，《船山全書》第十六冊（湖南：嶽麓書社，1996年初版），頁81。

七 十 歲：編《七十自定稿》並序，有詩句云：「歌哭古今歸午枕，江湖圖書
　　　　　泛星槎。堂堂日月容相問，書卷留人幾歲華。」〔註37〕

七十一歲：重訂《尚書引義》。是年秋，劉思肯為畫小像，自題詞云：「把鏡
　　　　　相看識不來，問人云此是薑翁。龜於朽後隨人卜，夢未圓時莫浪
　　　　　猜。」〔註38〕〈自題墓石〉，授長子攽，短短六句涵攝船山忠貞情
　　　　　懷和學術思想，孤憤之心和永世之憾。

七十二歲：取所論詩文評選，集結而成《夕堂永日續論》，並編定各種詩文評
　　　　　選。〔註39〕重訂《張子正蒙注》，是書為其哲思顛峰之作，宗師張
　　　　　載，進而批判陸王，改造程朱。

七十三歲：《讀通鑑論》寫成，《宋論》亦定稿。是年秋，作〈船山記〉，以「頑
　　　　　石」自況，表達一己的執著和孤忠。

七十四歲：正月初二，卒於石船山下之湘西草堂，葬於衡陽金蘭鄉大羅山麓，
　　　　　「遺命禁用僧道」。自題銘旌曰：「亡國孤臣船山王氏之柩」；自誌
　　　　　墓曰：「明遺臣行人王夫之字而農葬於此，其左則襄陽鄭氏之所祔
　　　　　也。」銘曰：「抱劉越石之孤忠而命無從致，希張橫渠之正學而力
　　　　　不能企。幸全歸於茲丘，固銜恤以永世。」〔註40〕

　　以《周易內傳》、《發例》，概括四十餘年《易》學研究的成果；以《莊子
通》、《莊子解》、《相宗絡索》，對道、佛作一番淘沙瀝金的工夫；通過《宋論》、
《讀通鑑論》二書，演繹其歷史哲學觀；《張子正蒙注》，則是對張載的繼承
和超越。在這一時期，船山「伸斧鉞於定論」，〔註41〕數次言其不惜「得罪於

〔註37〕王夫之：《薑齋詩集，七十自定稿，冬山即事，其三》，《船山全書》第十五冊
　　　　（湖南：嶽麓書社，1996 年初版），頁 421。

〔註38〕王夫之：《鼓棹初集，鷓鴣天》小註云：「劉思肯畫史為余寫小像，雖不盡肖，
　　　　聊為題之」，《船山全書》第十五冊（湖南：嶽麓書社，1996 年初版），頁 717

〔註39〕如：《古詩評選》、《唐詩評選》、《明詩評選》等，皆收錄於《船山全書》第十
　　　　四冊（湖南：嶽麓書社，1996 年初版）。

〔註40〕王敔：〈薑齋公行述〉，《船山全書》第十六冊（湖南：嶽麓書社，1996 年初版），
　　　　頁 76。

〔註41〕船山沈痛地說：「漢之偽儒，詭其文而昧其真，其淫於異端也，巫史也，其效
　　　　亦既章章矣。近世小人之竊儒者，不淫於鬼而淫於釋，釋者，鬼之精者也。
　　　　以良知為門庭，以無忌憚為蹊徑，以墮廉恥、捐君親為大公無我。故上鮮失
　　　　德，下無權姦，而萍散波靡，不數月而奉宗社以貽人，較漢之亡為尤亟焉。
　　　　小人無憚之儒，害風俗以陸沈天下，禍烈於蛇龍猛獸，而幸逸其誅。有心者
　　　　能勿伸斧鉞於定論乎？」《讀通鑑論，卷五，王莽速移漢祚由儒術之偽章》，《船

先儒」，已不似前期，只是委婉地斥責朱門後學，而是直接申言程子、朱子之過。充分展現其學術思想完備、嚴密及圓融的境界。

第三節　船山學思使命及特色

　　本論文不僅在探討船山「如何」詮釋《論語》，而也要更進一步探討他「爲何」會如此詮釋《論語》，「第二序思考」（second order thinking）尤爲本章探討之重心。針對「爲何」這個問題點，我們可就船山所身處之時空背景，從思想史的角度來說明其原因；也要由方法論，就船山自覺或不自覺的方法論預設來檢討他的得失。本章則側重在「思想史的角度」。

　　在中國的注疏傳統中，儒家一直具有濃厚經世致用的傾向。和經典不斷對話的過程中，不止是要求經典本意的彰顯，更是詮釋者一己思想的寄託。世局杌陧之際，有志向，富襟懷的哲人、思想家，多以注解經書欲圖力挽狂瀾，期望能裨補世道，這就是孔子刪詩書、訂禮樂、作春秋，以筆削增刪，而寄寓褒貶者。而視儒家爲正統文化道統的哲人、思想家，見詮釋流於字詞、章句之摘章尋義，憂心其見樹而未見林，不足彰豁經典豐盈之意旨，此宋學之異於漢學者。另，在釋、道相雜揉之下，援釋、道入儒，據此詮解經典，每每乖違本意（intention），這就是船山要闢佛排老的動機。而世運、思潮又相激相盪，末時亂世，憂心國事的哲人、思想家就在如是反省的前提下，對當代主流思潮進行深入地考掘，釐清其與世局隕落頹圮間的牽連與關涉。這樣的反省，需要澄明的思維、誠懇的態度、開放的胸襟，如此才能藉由反省的工夫，達到批判的作用，更進而能完成超越的積極目的。

　　是以詮釋活動有著以下三種重要的意義：其一是詮譯乃爲詮釋者個人企慕聖賢，追求境界，以安身立命的爲己之學。如：朱熹集註《四書》，以成一己之學，個人的生命和經典相映、交織。其次，詮釋活動是詮釋者對頹圮、傾斜的社會世局，一種糾正和治療，一股展望和期盼。是以政治取向的詮釋者，以注疏經典，寓託經世濟民的政治抱負，對身處的時代所面臨的現實困境，提出解決的方案。再者，詮釋者面對思潮澎湃，百花爭鳴的時代，爲維護自己思想的正統性，詮釋活動在這時成爲護教的行爲。

　　而且一個好的詮釋者在經典和閱讀者之間，必須扮演好下列的幾個角色

和要達成的任務：

一是溝通者的角色：亦即古典詮釋學的任務，施萊瑪赫的詮釋任務，把經典中的本意，經由詮釋而釋放出來，溝通因時間間距所造成的隔閡，而使後人通曉。

二是導正者的角色：對不當外力的涉入，予以批判、揚棄。除駁析之外，更要積極的對後學擔任導正者的角色，讓他們能循正確的途徑，去接觸經典。

三是建構者的角色：能出新意於陳編，也是一個好的詮釋者應扮演好的角色。經典之所以能歷久而彌新，可萬世不移地奉爲常經，它的殊勝之處就在於意義、旨趣的與時俱新。藉由「視界融合」〔註 42〕而能繙繹出嶄新的旨意，饒富現實意義的精神面貌。

一、明末清初儒學思潮之遷變

晚明諸老因遭道統、身世之窮途，在面對家國鉅變時，欲扭轉學風，期使所學所述能經世濟時，裨補世道民心。這其中最具代表的，首推「清初三先生」的王船山、顧炎武、黃宗羲三人。

錢穆先生在〈略說乾嘉清儒思想〉一文中有云：

> 在晚明諸老心中，藏有兩大問題：一是宋明儒的心學，愈走愈向裏，愈逼愈渺茫，結果不得不轉身向外來重找新天地，這是學術上的窮途。另一則是身世上的窮途……。他們對中國傳統文化、政治、教育各方面都想從頭有一番仔細的認識，到底那些是有眞正價值確可保存或發揚的？那些是要不得的？當前大禍，究竟由何招致？均須加以思索研尋。〔註43〕

明清鼎革，就思潮的變遷歷程而言，是由明朝理學思潮趨向清朝實學思潮的變遷歷程。晚明諸老心路歷程是由內聖而外王，或者說就其理論之建構，是企求由內聖而開出外王。通過對宋明理學，特別是其中援引釋老，談虛弄玄成分的揚棄，回歸經典，並爲之挹注新的思想內容。概舉「反理學」或「通

〔註42〕 The fusion of horizons 參見 Hans-Georg Gadamer：〈PartII：II,I,（B）Prejudices as conditions of understanding（iv）The principle of history of effect〉，《Truth and Method》（New York：The Continuum Publishing Company，1993 年）頁 306 ～307。

〔註43〕 錢穆：《中國學術思想史論叢（八）》，《錢賓四先生全集》（臺北：聯經出版社，1995 年），頁 5。

經致用」來鉤稽明末清初學術思想發展趨勢，可能失之籠統，但「黜虛崇實」
的總體特徵，卻是藉貶黜理學末流趨於虛玄之弊，以崇尚儒學篤實致用之文
教傳統，既以注重修養踐履為崇實，亦以國計民生的關注為崇實。所以就當
時的文人整體心理來看，學術思想的主流是重經學以通經致用，崇理學以賡
續道統。

由於對經典的尊崇，在治學風氣上漢宋調和兼融，除了探求經典的原貌
及其本義外，並以之矯理學之弊，將儒學由宋明時著重心性理氣，轉而變為
對日用人倫精神之提倡。在此時經學的提倡，以及經典義理之重新建構，就
成了重要的課題。

（一）提倡經學以回歸原始儒學

歸有光（西元 1506～1571 年）以為儒家經典保有先王教化之蹟，學者可
世守以為家法，除了得以治心養性之外，亦是可為天下國家之具。他對於當
時大部份的儒者「信傳而不深惟經之本意」，「寧屈經以從傳，而不肯背傳以
從經。」之心態，深為痛心。他說：

>　　漢儒謂之講經，而今世謂之講道。夫能明於聖人之經，斯道明矣。道
>
>　　亦何容講哉？凡今世之人，多紛紛然異諸者，皆起於講道也。〔註44〕

孔子是儒學的創立者，論儒學，必以孔子為依歸，歷代儒學的內涵不同，孔
子的形象亦因而千姿百態。倡道統說的宋儒視孔子為傳承道統的重要人物，
但在他們的詮釋下，孔子成了高談心性、不尚實務的思想家。究其因，科舉
之弊，造成學人但重時文講章；而朱子之《四書集注》懸為功名，時人唯朱
子之說是從，捨本以逐末。

桐城派的方苞（西元 1668～1749 年）在談到明季的科舉制度時就說：

>　　明之世，一於《五經》、《四子》之書，其號則正矣，而人占一經，
>
>　　自少而壯，英華果銳之氣皆散於時文，而後用其餘以涉於古，則其
>
>　　不能自樹立也宜矣。〔註45〕

朝廷設經義取士的原初動機在於「欲以明經」，立意不可說不善，但考試機制
和方法上的僵化，卻也成了學子投機取巧的憑藉。為求速成之效，於諸經中

〔註44〕歸有光：《震川先生集，卷九，送何氏二子序》（上海：古籍出版社，1981 年），
　　　　頁 195。

〔註45〕方苞：《方苞集，卷七・贈淳安方文輈序》，《傳世藏書，別集 13》（北京：海
　　　　南國際新聞出版中心，1996 年），頁 65。

只習其一，而又只記誦得幾許時文，以應制科一日之急；有的亦不過記覽辭章，以為時文之助資，而於修己治人之道，則全無所得。所以明崇禎朝進士黃淳耀（西元 1605～1645 年）就憤慨地指出：

> 國家以經義取士也，將以明經乎？抑以晦經乎？其出於明經也必
> 矣，然吾觀今之經義，則其弊適足以晦經。〔註46〕

欲明經而卻適足以晦經，種因與成果如此地悖逆，雖是始料未及，但緣因尋脈，亦有其明晰之跡。類似觀點，於其時有識學者屢亟言之，究其因，均以為源出科舉之流弊。科舉之弊，不只是造成學術的隳頹，更導致人心的陷溺，以至國祚覆亡。是以開始有了對科舉流弊的檢討，對宋以來《四書》學的反省，並進而擴大為對儒學全面的重新思考和型塑。

朱舜水（西元 1600～1682 年）在〈中原陽九述略・致虜之由〉一文中就說：

> 明朝以制義舉士，初時功令猶嚴，後來數十年間，大失祖宗設科本
> 旨。主司以時文得官，典試以時文取士，競標新艷，何取淵源。父
> 之訓子，師之教弟，獵採詞華，埋頭呫嗶，其名亦曰文章，其功亦
> 窮年皓首，惟以剽竊為工，掇取青紫為志，誰復知讀書之義哉？既
> 不知讀書，則奔競門開，廉恥道喪，官以錢得，政以賄成，豈復識
> 忠臣愛國，出治臨民！〔註47〕

他以為制義舉士立意雖善，但上自主司、典試，以時文取士，於經義無所取涉；為父、為師者，亦以功令舉業訓子課徒，全然實利取向；下焉者學子埋首呫嗶，窮年累月，而不復知讀書之義。上下沆瀣一氣，學子僥倖忝列百官之陳，於君國之忠愛，於治民之術，不識不知，國家豈有不覆殆之危。「其間豈遂無仁賢廉潔之士？總之，一壺之醪，不能味一河之水，一杯之水，不能熄車薪之火……總來官不得人，百弊叢集。……是以逆虜乘流寇之訌而陷北京。」〔註48〕蟷臂不擋巨輪，朽索難御奔車，顧炎武（西元 1613～1682 年）在《日知錄・卷十六》論及明初三場之制時就說：「率天下而為欲速成之童子，

〔註46〕黃淳耀：《陶庵全集，卷三，科舉論上》，《四庫全書珍本十二集》（臺北：臺灣商務印書館，1982 年）。
〔註47〕朱舜水：《朱舜水集，卷一，中原陽九述略》（臺北：漢京文化，1984 年），頁1。
〔註48〕同前註。

學問由此而衰，心術由此而壞。」〔註 49〕士風敗壞，源出時文制義，仕宦者皆由此求晉升之途，而不足以經國治民，所以朱舜水將明室之覆亡，歸咎之於士大夫之族。

有識之士自此開始倡導經典的回歸，同是明末清初的錢謙益（西元 1582～1664）就如是呼籲：

> 誠欲正人心，必自反經始；誠欲反經，必自正經學始。〔註 50〕

在原始儒學中，聖人以經法天，治邦理民之道盡在經典之中，是以經典之為用大矣。經典不惟是個人身心性命修為之借鑒，為政之方，甚至文章之取則，皆全而備之。講求經典之效用，亦是明末清初經學的提倡中一個很重要的取向，因他們以為原始儒學的精神和氣象就存於斯。

（二）重新建構義理以回歸經典

明末清初學者針對當時學術思潮作出的反省，而有了回歸原始儒學的嚮往和倡議。對回歸原始儒學所作的努力，其中最為要者，即是以對孔孟原始精神氣象的企求，陳確（西元 1604～1677 年）在〈復張考夫書〉中就認為：

> 凡先儒之言，一以孔孟之學正之，則是非無遁情；其互有是非者，
>
> 亦是不掩非，非不掩是，夫而後古學可明也。〔註 51〕

所謂「古學可明」，顯然意指返本自能清源。這種讀書一以孔孟為旨歸的原則，不僅是提倡經學的理論依據，亦是研究經學的方法，更是對宋明理學的修正，和為朱、王之紛爭提供溝通的路徑。

朱熹將《論語》、《孟子》對舉，並從《禮記》中取《大學》、《中庸》二篇，而成《四書》，朱熹認為將儒家思想由《五經》導向《四書》較易落實。他親為《四書》作註，是為《四書章句集註》。《四書》演說的是儒家思想的「當然」，《四書集註》詮解的則是儒家思想的「所以然」，使儒家思想具備邏

〔註 49〕 顧炎武：《日知錄，卷十六，三場》，《傳世藏書，文史筆記 2》（北京：海南國際新聞出版中心，1996 年），頁 263。所謂三場，明初時，初場試經義二道，四書義一道；二場論一道；三場策一道。後頒定式，初場：四書義三道，經義四道，經義四道；二場：論一道，判五道，詔、誥、表、科一道；三場：經史、時務、策五道。自經義至時務皆有，兼具明體達用，但後來趨於簡速，以致本經之全文有不讀者。

〔註 50〕 錢謙益：《牧齋初學集，卷二十八，新刻十三經注疏序》（上海：古籍出版社，1985 年），頁 851。

〔註 51〕 陳確：《陳確集，卷三，與黃太沖書》，（臺北：漢京文化，1984 年），頁 132。

輯思維的要件，建立較前完備的思想體系。朱熹的《四書》體系提出簡明便捷的爲學次第，意在聖人意旨的探究，聖道的闡發。但自元朝皇慶二年（西元 1313 年），仁宗詔定《四書集註》爲科舉考試之定本。惑於功名，蔽於時文講章，自是朱熹定爲一尊，朱註成了一家之言，而背經離道卻由此而生發。

紀昀在《四庫全書總目提要》，「四書類」的案語中就說：

> 《四書》定於朱子，《章句集註》積平生之力爲之，至垂沒之日，猶改定《大學》誠意章註，凡以明聖學也。至元延祐中用以取士，而闡明理道之書，遂爲弋取功名之路，然其時經義經疑並用，故學者猶有研究古義之功。……至明永樂中，《大全》出而捷徑開。八比盛而俗學熾，科舉之文，名爲發揮經義，實則發揮註義，不問經義何如也。且所謂註意者，又不甚究其理，而惟揣測其虛字語氣，以備臨文之摹臨，併不問註意何如也。蓋自高頭講章一行，非惟孔、曾、思、孟之旨亡，併朱子之《四書》亦亡矣。〔註52〕

所謂「名爲發揮經義，實則發揮註義。」可再徵引陳確在〈與黃太沖書〉中所言以明之，他說：

> 世儒習氣，敢於誣孔孟，必不敢倍程朱，時爲之痛心。〔註53〕

世人將孔孟聖哲與程朱之學分爲兩橛，逐末而捨本，明經適足以晦經，陳確在此不僅是對科舉之弊的指摘，更是對墨守程朱學說者的斥責。在儒學回歸的風潮中，對朱熹《四書》學的批判，也就成了再深一層的省思和任務。

黃宗羲（西元 1610～1695 年）也認爲在晚明一片祖述朱熹《集註》的時潮中，「此亦一述朱，彼亦一述朱。」〔註54〕《四書》義反而更形晦黯。他認爲朱註未必盡得《四書》精義，皓首窮經，而於自身不能理會得，自是空蹈虛無之事。毛奇齡（西元 1623～1713 年）更赤裸地說：

> 先仲氏嘗曰：此（《四書集註》）宋儒之書，非夫子之書也。〔註55〕

毛奇齡所撰有關《四書》之著作甚多〔註56〕，除了對朱熹《四書章句集註》

〔註52〕紀昀：《四庫全書總目提要，卷三十六》（臺北：商務印書館，1971 年），頁 755～756。

〔註53〕陳確：《陳確集，卷四》（臺北：漢京文化，1984 年），頁 147。

〔註54〕黃宗羲：《明儒學案》（北京：中華書局，1985 年），頁 179。

〔註55〕毛奇齡：《論語稽求篇，卷一》（臺北：藝文印書館，1966 年），頁 2。

〔註56〕毛奇齡有關四書之著作除《論語稽求篇》七卷外，尚有：《四書改錯》二十一卷、《四書索解》四卷、《四書賸言》四卷、《四書賸言補》二卷、《大學證文》四卷、《大學問》一卷、《大學知本圖說》一卷、《中庸說》五卷、《聖門釋非

訓解文義疏略之處一一加以批駁，並借重考據訓詁之法，企望得求聖人眞實精義，豁顯其精神內涵。但就詮釋學的觀點而言，毛西河不盡得此權力，可對朱熹如是撻伐；也不盡得此能力，言一己究極聖人之心。然而其欲力矯科舉之弊，破除朱子官學之努力，是無庸置疑的。

這樣批判的風氣瀰漫著整個明末清初的學術環境，表面上的批判，源出於深刻地反省又導向由析解而再建構之的積極層次。

《論語》在西漢文帝時已立博士，漢人把《論語》看作傳記，故立爲傳記博士，傳授《論語》，成爲專門學科，同《孝經》一樣是士人必讀的啓蒙之書。昭帝始元五年（西元前 82 年），更將通曉《論語》此一條件，列爲舉賢良的標準之一，東漢時則列爲「七經」之一。所以《四書》中的《論語》、《孟子》自兩漢時已受重視，而《大學》、《中庸》則是爲理學所獨標，有宋一朝始益受尊崇。明末清初，當學風轉趨平實之際，理學敧重形上的思考方式普遍受到訾議，自此據事言理飽含平實風格的《論語》、《孟子》更受到學者的青睞，學者亦常徵引《論語》、《孟子》，據以批駁理學末流之背經離道。朱舜水（西元 1600～1682 年）在〈顏子像贊〉一文中有云：

> 顏淵躬上聖之資，裕不改之樂，孔子宜授之以異書，其譽之也，宜稱其絕德，何以謂：「顏回者，好學，不遷怒，不貳過。」平平爾？其問仁、問爲邦也，宜教之存養之精微，康濟之鴻略，何以曰：「克己復禮，非禮勿視、聽、言、動」而已？夏時、殷輅、周冕、韶舞、放鄭聲、遠佞人而已？於是知聖賢要道，止在彝倫日用。彼厭平淡而務空虛玄遠者，下者心至顚蹶，上者亦終身淪喪巳爾。究竟必無所益也。〔註57〕

明白地指出在彝倫日用之間踐履聖道，才是儒學本色，非在空虛玄遠的性與天命。邵廷采（西元 1648～1711 年）亦云：

> 今之學者恥不言性命，讀其文，浩然無當而不可窮；觀其貌，超然無著而不可，此豈眞能然哉？蓋中人之性，安於放而樂於誕耳。黃道周亦教學者先讀孔門言論，求之躬行，毋早讀宋儒書，啓揠苗助長之病。〔註58〕

錄》四卷、《逸講箋》三卷。

〔註57〕朱舜水：《朱舜水集，卷十九，顏子像贊》（北京：中華書局，1981 年）頁 561。

〔註58〕邵廷采：《思復堂文集，卷八》（臺北：華世出版社，1977 年）頁 682。

孰爲本源主幹？孰爲枝歧旁出？至此有了深刻地反思和正確地體悟。在原始儒學中，孔孟言仁論義，以至說心談性，都是落實在人生的實際經驗和行爲原則上來論證，並不以理性的概念思維來思考。

自此在經典的地位上，釐清了主從的隸屬關係；在經典的意蘊上，確定了祖述原典，佐以傳疏的輔翼作用；在經典的功用上，彰顯修己治人的實際效益。

明末清初學者看似同聲一氣地反理學，但實爲針對理學末流所發，而他們亦不能自外於當世思潮，多數學者在理學上有相當的素養，或有其師承門派，所以他們要將儒學帶回經典的用心，實則是欲二者緊相絪合，定其主從，充其意蘊，以期在效用上更益彰顯。黃宗羲是其中的典型人物，他是王學之門人，但有這樣地反省：

> 理學之傳，自是君家弓治，然愚以爲理學之名，自宋人始有之。古所謂理學，經學也，非數十年不能通也……今之所謂理學，禪學也。
> 〔註59〕

黃宗羲在經史上皆有深厚的造詣，相關著作亦甚夥，但並未因重經史而棄心學。全祖望在〈黎州先生神道碑文〉中說：

> 公（黃宗羲）謂：明人講學襲語錄之糟粕，不以六經爲根柢，束書而從事於遊談，故受業者必先窮經術所以經世，方不爲迂儒，故兼令讀史，又謂：讀書不多，無以證斯理之變化，多而不求於心，則爲俗學。〔註60〕

提倡讀書是要和心學相互發明，以救末流之弊；提倡讀經是針對士子以科舉爲務，但識得朱註，而束經書於高閣，導以正之；求於心者，源於明末的學風浮泛，強調對於切身體會的重視。所以在黃宗羲眼中，經學與理學並非截然二分，而當是相互爲用的。

同爲王學門人的邵廷采，對於世人訾議陽明之學，但知「尊德性」而未能「道問學」，他提出這樣地剖析：

> 良知即明德，是爲德性；致之有事，必由問學。尊德性而道問學，致良知焉盡之矣。故謂象山爲尊德性，而墮於禪學之空虛，非尊德

〔註59〕顧炎武：《亭林文集，卷三，與施愚山》，《傳世藏書，文史筆記2》（北京：海南國際新聞出版中心，1996年），頁109。

〔註60〕全祖望：《鮚埼亭集，卷十一》（臺北：華世出版社，1977年），頁136。

性也；謂晦菴爲道問學，而失於俗學之支離，非道問學也。非存心
無以致知，後人自分，而晦菴、象山自合耳。顧晦菴之學已皎然如
日月之麗天，先生欲表章象山以救詞章帖括之習，使人知立本求自
得，故其言曰：朱、陸二賢，天姿頗異，途徑微分，而同底於聖道
則一，其在夫子之門，視如由、賜之殊科焉可矣，而遂擯放廢斥，
若砥砆之于美玉，奚爲也。〔註61〕

他以朱熹、陸象山比擬仲由、端木賜，旨在點明朱、陸二派實同爲儒學的支
流旁系，方法上或有小異，惟其不害大同。邵廷采強調「尊德性」與「道問
學」二者並合，實則是他對王學的修正。其他在理學上有特定學承流派的學
者，亦復如是，企圖在理學的系統上做補罅導正的功夫，重新建構經典，以
期其能復合於儒學之原始風貌。

　　從宋儒開始，對於經典的關注轉而以心性義理的闡發爲主，到了程朱專
談義理，經學便迥然異於前代了。儒學從經術轉入義理，是與儒、釋、道三
者互相頡頏的結果，釋家講涅槃、道家重清靜，儒家爲了與其相抗衡，對經
典的詮釋便自然轉入對心性義理的主觀性探求。宋代儒者主敬向命，必造成
對世務的簡遺、對事功的疏略，儒學原始沛然的生活力便衰竭了。加以二程
講學風格偏重在輕言指授，語錄和講章成了主要的學問依據，廢經書而不讀，
弟子多缺乏紮實的根柢，流於玄虛，自是不得不然之末途。

　　明季自歸有光、錢謙益（西元 1582～1664 年），開始，標舉「正經學」
以「返經」，乃至於明末清初的顧炎武、黃宗羲，以及和船山過從甚密的方以
智（西元 1611～1671 年），辨明「經學」和「道學」之別，通經以明道是緊緊
綰合著世運，背後均有著強烈淑世救國的使命感。對於當時的學術思潮，梁
啓超一言以蔽之曰：「以復古爲解放」，所謂「復古」，就是經學復興。顧炎武
所創設的浙西學派，致力經學的研究；黃宗羲的浙東學派，則是經史並治，
讀書窮經，是爲了探索「國家治亂之源，生民根本之計。」

二、船山經典詮釋之時代使命及特色

　　船山一生讀書窮經，通曉經史，遍注群經，詮釋活動成了他在明屋既覆，
身不得救亡之際，賡續文化道統的工具和利器。在傳世的著作中，有關經典

〔註61〕邵廷采：《思復堂文集，卷七，候毛西河先生書》（臺北：華世出版社，1977
　　　　年）頁 608。

詮釋的就多達三十餘種，卷帙之多，遠超過同爲「清初三先生」的顧、黃兩人。義理和考據並重，漢學、宋學兼修，是船山詮釋經典很重大的一個特點，既有「宣敷精義，羽翼微言」的即經窮理之著作，如：《周易內傳》、《周易外傳》、《尚書引義》、《詩廣傳》等；在《四書》，則有《四書訓義》、《讀四書大全說》；亦有辨正名物的訓詁之著作，如：《周易稗疏》、《尚書稗疏》、《詩經稗疏》、《春秋稗疏》等；在《四書》則有：《四書稗疏》、《四書考異》。船山那長於義理的思想高度，以及廣博的學識和求實的精神，便是他能涵泳經典，而又能獨闢蹊徑，得創生地闡發中國道統、學統的根本。

船山的著作出入經史，通貫古今，時有讜論睿見，可自成一家，並能呈現時代的精神，這與他的詮釋態度和方法有密不可分的關係。《清史稿·儒林傳》就歸結道：

> 夫之論學，以漢儒爲門户，以宋五子爲堂奧。其所作《大學衍》、《中庸衍》，皆力闢致良知之説，以羽翼朱子。於張子《正蒙》一書，尤有神契，謂張子之學，上承孔、孟，而以布衣貞隱，無鉅公資其羽翼；其道之行，曾不逮邵康節，是以不百年而異説興。夫之乃究觀天人之故，推本陰陽法象之原，就《正蒙》精繹而暢衍之，與自著《思問錄》二篇，皆本隱之顯，原始要終，炳然如揭日月。至其扶樹道教，辨上蔡、象山、姚江之誤，或疑其言稍過，然議論精嚴，粹然皆軌於正也。〔註62〕

而相關《四書》的詮釋著作，現存者共有五種，較之其他經典，最爲詳實多元，也最能涵括他這種治學態度，以及詮釋理論和方法。

（一）激濁以揚清——希張橫渠之正學

船山自顏其墓誌銘有句云：「希張橫渠之正學，而力不能企。」強烈表露出他對張載的企慕之情，就底蘊而言，傳達的是他學術的追求以及文化的關懷。

張載（西元 1020～1077 年），字子厚，祖上世居大梁（今河南開封），是北宋著名的理學大師。他出生仕宦世家。祖父張復，在宋眞宗時，曾任給事中、集賢院學士等職，後贈司空。父親張迪，在宋仁宗朝，官至殿中丞，後出知涪州，死在任上。父親死時，張載與弟弟張戩因年幼，無法返回故里，

〔註62〕趙爾巽、柯劭忞等：《清史稿》第十八冊（臺北：洪氏出版社，1981 年），頁13107。

於是僑居鳳翔眉縣橫渠鎮（今陝西眉縣橫渠鄉），所以後人又稱其爲橫渠先生。

張載爲人「志氣不群，少孤自立，無所不學，喜談兵，至欲結客取洮西之地。」〔註63〕是位豪俠青年，他寫信給當時的陝西經略安撫副使、主持西北地方軍務的范仲淹，表宣其志。范仲淹勉勵他說：「儒者自有名教可樂，何事於兵？」引導他讀《中庸》，學儒家之學，對他以後走向學術道路，影響甚大。

年輕的張載，他並不願意把自己的學術侷限在儒學一家之內，有一時期出入釋老，盡究其說。佛教經過晉、唐兩代在中國迅速的傳播，已能與儒家爭席。道家則是自先秦以來，一直是中國文化的重要思想。張載和同時代的周敦頤、二程兄弟，都曾深研佛、老，並從其中吸取了哲學養份。見昔時儒學，只論倫理、政治與人事，而與宇宙本體論脫節，於是他們在批判佛道之學空疏不涉世事的同時，也以佛道思想的本體論解決儒學體用分離的問題。

不同於周、程從佛、道汲取宇宙本體論的內容，橫渠決心走自己的學術道路。「盡究其說，知無所得，反而求之六經。」〔註64〕在學思歷程上，張載出入佛、老，而自信「吾道自足」終歸返儒學。他從六經中的《周易》入手，撰寫《橫渠易說》，創立自己的哲學體系。所以人以爲關學之旨趣是：「以《易》爲宗，以《中庸》爲體，以《禮》爲的，以孔孟爲法。」〔註65〕

實存世界的長久秩序是張載思想的終極關懷，一貫主張爲學須與政術結合，孔孟儒學要有裨益於治道。關中學風特別重視「以禮爲教」。文彥博任長安通判，曾聘請他到長安學宮講學，甚受士子敬重。及登進士第，授丹州雲岩縣令，貫徹一己「明禮教、敦風俗」的主張。經由他的身體力行與倡導，關中一帶形成講禮、重禮的風俗，史稱「相復古者甚眾，關中風俗爲之大變。」〔註66〕

神宗熙寧三年，張載辭官回返橫渠，從此潛心講學，發憤著述。自甘清貧，但有薄田數百畝以供生計。《行狀》說他「終日危坐一室，左右簡編，俯而讀，仰而思，有得則識之，或中夜起坐，取燭以書。其志道精思，未始須

〔註63〕馮從吾：《少墟集，卷十九，關學編》，《四庫全書珍本五集》（臺北：臺灣商務印書館，1974 年），頁 1。

〔註64〕馮從吾：《少墟集，卷十九，關學編》（臺北：臺灣商務印書館，1974 年），頁 2。

〔註65〕同前註，頁 3。

〔註66〕馮從吾：《少墟集，卷十九，關學編》（臺北：臺灣商務印書館，1974 年），頁 4。

與息,亦未嘗須臾忘也」。刻苦地求索,不斷地精進。在這期間,他開始招收門徒,逐漸形成了關中學派。黃宗羲在《橫渠學案》中就說:

> 其精思力踐,毅然以聖人之詣爲必可至,三代之治爲必可復。嘗語
> 云:「爲天地立心,爲生民立命,爲往聖繼絕學,爲萬世開太平。」
> 自任之重如此。始不輕與人言學,大程曰:「道之不明久矣,人各善
> 其所習,自謂至足。必欲如孔門不憤不啓,則師資勢隔,道幾息矣。
> 隨其資而誘之,雖識有明暗,志有淺深,亦皆各有得焉。」先生用
> 其言,所至搜訪人才,惟恐失其成就,故關中學者蔚興,得與洛學
> 爭光。猗與盛哉!〔註67〕

五代之後,傳統儒學發生危機,政治家只知講功利之學,儒生困於章句而不究義理,釋道之學則尚虛無而不涉實務。因此,重建儒家的理論體系成爲時代的使命,張載心中一直縈懷著這份使命感。他撰寫《西銘》,《西銘》一文又名《訂頑》,全文只有五百多字,原是供學生修養的綱領,但卻最能體現張載的思想體系。文章內容從天人一本講起,以仁孝爲核心,闡述其基本哲學觀念和政治倫理思想。二程最推崇《西銘》,程頤就說:「自孟子後,蓋未之見」,〔註68〕「要之仁孝之理皆備於此。」朱熹亦稱揚他有功於聖門,有補於後學。

張載的著作在明代中期已多散佚,今已不易詳考,他的主要著作是《正蒙》和《易說》,包括了作者的重要學說思想。據朱熹、呂祖謙所編《近思錄》的引用書目,著作有《正蒙》、《文集》、《易說》、《禮樂說》、《論語說》、《孟子說》、《語錄》。明代人所編的《張子全書》,包括《西銘》、《東銘》、《正蒙》、《易說》、《經學理窟》、《語錄》、《文集》、《拾遺》等。

鄧顯鶴先生〔註69〕在〈王夫之〉一文中,論及船山之學思淵源時說:

> 自明統絕祀,夫之著書凡四十年,其學深博無涯涘,而原本淵源,
> 尤神契《正蒙》一書,於清虛一大之旨,陰陽象法之狀,往來原反

〔註67〕黃宗羲:《宋元學案,卷十七,橫渠學案》(臺北:河洛出版社,1975年)頁4。

〔註68〕「程頤嘗言:《西銘》明理一而分殊,擴前聖所未發,與孟子性善養氣之論同功,自孟子後蓋未之見。」脫脫等撰:《新校本宋史并附編三種》(臺北:鼎文書局,1994年)頁12725。

〔註69〕鄧顯鶴(西元1878~1851年),字子立,號湘皋,晚號南村老人,湖南新化人,嘉慶九年舉人。道光六年任寧鄉縣學訓導,二十三年主講邵陽濂溪書院。著有《易述》、《毛詩考》、《南村草堂詩文鈔》等。

之故，靡不有以顯微抉幽，晰其奧窔。其《自序》以爲張子之學，

上承孔孟之志，下救來茲之失，如皎日麗天，無幽不燭，聖人復起，

未有能易焉者也。〔註70〕

船山以爲張載之學說思想，乃是孔孟一脈儒學道統之傳人，不僅是繼往以開來，更重要的是張載之學能「下救來茲之失」。

船山推崇張載功不下孟子：

孟子之功不在禹下，張子之功又豈非疏浚水之岐流，引萬派而歸墟，

使斯人去昏墊而履平康之坦道哉！〔註71〕

孟子自承先賢，身任天下。他認爲堯舜之後，聖人道衰，社會動盪，民生悲苦，而「楊墨之道不息，孔子之道不著，是邪說誣民，充塞仁義也……昔者禹抑洪水而天下平，周公兼夷狄驅猛獸而百姓寧，孔子成春秋而亂臣賊子懼……我亦欲正人心，息邪說，距詖行，放淫辭，以承三聖者；豈好辯哉？予不得已也。能言距楊墨者，聖人之徒也。」（《孟子・滕文公下》）他斥責楊朱和墨翟的思想主張是充塞仁義之誣民邪說，宣稱要效大禹治水以平天下，周公兼夷狄驅猛獸以安百姓，孔子著《春秋》以明大義，於亂世挺身而出，端正人心，滅除邪說。

船山以爲戰國之世，雖有楊墨之異端邪說，「而儒者猶不屑曲吾道以譏其邪，故可引而不發以需其自得。」〔註72〕因其勢尚不足以撼動淆亂儒學道統。「而自漢魏以降，儒者無所不淫。」〔註73〕

儒、佛、老、莊混然一途，語天道性命者，不周於恍惚夢幻，則定以「有生於無」，爲窮高極微之論。入德之途，不知擇術而求，多見其蔽於詖，而陷於淫矣。〔註74〕

「淫」則造成心志之動搖，旨趣之乖離。究其實，船山以爲有兩端：

一是「陷於佛者，如李翱、張九成之流，而富鄭公、趙清獻雖賢而不免；

〔註70〕鄧顯鶴：〈王夫之〉，《船山全書》（湖南：嶽麓書社，1996年初版），第十六冊，頁103。

〔註71〕王夫之：〈張子正蒙注序論〉，《船山全書，第十二冊》（湖南：嶽麓書社，1996年初版），頁12～13。

〔註72〕同前註。

〔註73〕王夫之：〈張子正蒙注序論〉，《船山全書》第十二冊（湖南：嶽麓書社，1996年初版），頁12～13。

〔註74〕張載：《正蒙，太和篇》，《船山全書》第十二冊（湖南：嶽麓書社，1996年初版），頁26。

若陸子靜及近世王伯安，則屈聖人之言以附會之，說愈淫矣。」〔註75〕

二是「陷於老者，如王弼注《易》及何晏、夏侯湛輩皆其流也；若王安石、呂惠卿及近世焦竑、李贄之屬，則又合佛、老以溷聖道，尤其淫而無紀者也。」〔註76〕

張載在《正蒙・神化篇》中批評佛教：「世人取釋氏銷礙入空，學者舍惡趨善以為化，此直可為始學遺累者薄乎云爾，豈天道神化所同語也哉！」〔註77〕船山進一步詮解：

> 釋氏以真空為如來藏，謂太虛之中本無一物，而氣從幻起以成諸惡，為障礙真如之根本，故斥七識乾健之性、六識坤順之性為流轉染污之害源。此在下愚，挾其鬱蒸凝聚之濁氣以陷溺於惡者，聞其滅盡之說，則可稍懲其狂悖；而仁義無質，忠信無本，於天以太和一氣含神起化之顯道，固非其所及知也。昧其所以生，則不知其所以死，妄欲銷隕世界以為大涅槃，彼亦惡能銷隕之哉，徒有此妄想以惑世誣民而已。〔註78〕

佛教以心為法，以空為真，認為世界一切萬有均由於心之幻化而生。然依張載之見，世界是實有，世界萬有是由太和之氣絪縕神化而顯，並非空無，是以實有世界絕不至因釋氏一念而至銷隕，要以氣為法、以實為真，立實以破空、立有以破無，以實有的「太虛之氣」為萬物的本源，闢惑世誣民之妄想邪說。

但張載素位隱居關中，是以不若周敦頤之有二程輔翼而使道顯，在當世關學「曾不得與邵康節之數學相與頡頏，而世之信從者寡，故道之誠然者不著。貞邪相競而互為畸勝，是以不百年而陸子靜之異說興，又二百年而王伯安之邪說熾，其以朱子格物、道問學之教爭貞勝者，猶水之勝火，一盈一虛而莫有定。」〔註79〕

〔註75〕 王夫之：《張子正蒙注，卷一》，《船山全書》第十二冊（湖南：嶽麓書社，1996年初版），頁26。

〔註76〕 同前註。

〔註77〕 張載：《正蒙，神化篇》，《船山全書》第十二冊（湖南：嶽麓書社，1996年初版），頁82。

〔註78〕 王夫之：〈張子正蒙注序論〉，《船山全書》第十二冊（湖南：嶽麓書社，1996年初版），頁83。

〔註79〕 王夫之：〈張子正蒙注序論〉，《船山全書》第十二冊（湖南：嶽麓書社，1996年初版），頁12。

　　船山以爲古之爲士者「秀而未離乎其樸」，所以「但習於人倫物理之當然，而性命之正自不可言而喻。」到了東周末世邪說詖行並作，爲維護道統正學，「故夫子贊《易》而闡形而上之道，以顯諸仁而藏諸用，而孟子推生物一本之理，以極惻隱、羞惡、辭讓、是非之所繇生。」〔註80〕諸儒若張載者，生息於建立在五代廢墟之上的宋代初期，要重整的不只是政治面向的種種問題，更令他們擔憂關注的卻是文化的衰頹問題，這種意識上的危機，源於釋老思想影響人心，而造成偏差之世界觀，他們深深體會惟有闢佛排老，方可重振儒學正統，得「性命之正」，是以思想的重整，成了宋儒首出的問題。「苟不抉其躍如之藏，則志之搖搖者，差之黍米而已背之霄壤矣，此《正蒙》之所繇不得不異也。」〔註81〕依其見，惟有「道德形上實體」的重建，「心性主體」的穩立，方可竟其功。「而張子言無非《易》，立天，立地，立人，反經研幾，精義存神，以綱維三才，貞生而安死，則往聖之傳，非張子其孰與歸！」〔註82〕

　　佛教以爲萬法皆空，主張去染破執，以臻於涅槃；道教視「無」爲萬物之源，主張超塵脫俗，逍遙自得。皆與儒家以實有爲萬物的根源與本體，主張修己以安人、立德以治世的思想相悖。爲批駁佛、道，宋、明儒者積極致力於儒家形上理論的重建，期能上（天理）下（人性）通貫；內（心性主體）外（實有世界）相攝，是有以「理」、「氣」、「心」爲核心範疇的理學興起。宋明理學的發展進路中，張載代表的是以「氣」爲首出的進路，肯定「氣」是充塞宇宙的實體，由於「氣」的聚散變化，形成各種事物現象。他說：

> 知虛空即氣，即有無、隱顯、神化、性命通一無二，顧聚散、出入、形不形，能推本所從來，則深於《易》者也。若能虛能生氣，則虛無窮，氣有限，體用殊絕，入老氏「有生於無」自然之論，不識所謂有無混一之常。若謂萬象爲太虛中所見之物，則物與虛不相資，形自形，性自性，形性、天人不相待而有，陷於浮屠以山河大地爲見病之說。〔註83〕

〔註80〕王夫之：〈張子正蒙注序論〉，《船山全書》第十二冊（湖南：嶽麓書社，1996年初版），頁10。

〔註81〕同前註。

〔註82〕王夫之：〈張子正蒙注序論〉，《船山全書》第十二冊（湖南：嶽麓書社，1996年初版），頁10。

〔註83〕張載：《正蒙，太和篇》，《船山全書》第十二冊（湖南：嶽麓書社，1996年初版），頁23～25。

顯然船山「太虛即氣」，是對張載「虛空即氣」此一命題的詮解。而張載「體用殊絕」、「山河見病」的思想，也為船山舉以為批判佛老的素材。

但張載並未將「氣」提升至本體的層次，船山於此對關學承繼之餘，又弘揚他創發性的積極詮釋效能。林安梧先生在他的《王船山人性史哲學研究》一書中有透闢的論見：

> 宋初之重氣，如濂溪、橫渠皆未將氣上提到「本體」的層次，……
> 橫渠則一方面就天地之生化流行而說「太和所謂道」，再分析的說神
> 與氣，但仍以神為主，神是太虛，「太虛無形，氣之本體」，氣或聚
> 或散，或虛或實，而有絪縕氣化而說宇宙萬物之流行。船山之「重
> 氣」則上提到本體的層次而說，他創造的詮釋張載的《正蒙》，而強
> 調「氣」是本體，氣自有陰陽兩端而絪縕相盪，浮沉，動靜相感，
> 說氣含有創生性、保聚性，並進而說氣之凝成事物而有理（著重保
> 聚性一面），說氣之神化，其根本落於人而言則為一心之誠（著重創
> 生性一面），而事物之理及一心之誠乃是道德實踐的依準與動力。由
> 上所述可知：重理一脈凸顯了天理的超越性，重心一脈凸顯了良知
> 的內在性，而重氣一脈則凸顯了「存在的歷史性」（Existential
> Historicity）〔註84〕

（二）返本以開新——六經責我開生面

《六經》是先哲古賢思想之載具，作為實存的文本，本身不存著與時俱進的主動性、生命力。在此意義上，為因應時代的需要，要有身負時代使命感的哲人、思想家，從事使經典能開新生面的詮釋活動。船山大部份的生命力傾注在經典的詮釋活動上，大部份的著作亦是對經典的箋注疏解，所謂「責我」者，是強烈自我承負的使命感，在《噩夢·敘》中他說：「吾老矣，惟此心在天壤之間，誰為授此者？」〔註85〕心中縈繞著的是華夏文明薪傳的焦慮；「開生面」者，則為他對儒家經典之永恆性意義，創發性價值的永矢固持，以及自我詮釋活動目的的宣示，以期：「教有本，治有宗，立國有綱。」〔註86〕在他的自題畫像小

〔註84〕林安梧：《王船山人性史哲學研究》（臺北：東大圖書公司，1987年初版），頁
　　　　15。
〔註85〕王夫之：《噩夢，敘》，《船山全書》第十二冊（湖南：嶽麓書社，1996年初版），
　　　　頁549。
〔註86〕同前註。

詞上亦有句：「龜於朽後隨人卜，夢未圓時莫浪猜。」流溢出的是要人拭目以待的期盼心情。沒有焦切的身世家國飄零感，不具其命維新的時代價值，船山的經典注疏工作，就無法呈現返本以開新的特色。

　　船山的著作甚多，篇什涵蓋經、史、子、集，面向兼攝義理、詞章、考據、經濟，於儒學正統之外，亦出入釋、道，而詩、文、詞、曲等游藝之作，不無新意，廣而且深地以詮釋手段滲入傳統文化的任一面向，貫通其中的是令人凜然的悲情、宏願。船山築廬衡湘之陬，避足人間，又無師友相尚，不為世所知，自難蔚為思潮、學派，故曾昭旭先生稱之為「孤儒」。〔註87〕但若置之於整個中華文化的場域和脈絡中加以審視，就能突顯船山思想之高屋建瓴，代表著的是儒學道統慧命的相承相傳。

　　詮釋活動就船山而言是致知的活動，他在詮釋《論語‧為政篇》：「學而不思則罔，思而不學則殆」一章時說道：

　　　　致知之途有二：曰學，曰思。學則不恃己之聰明，而一唯先覺之是效；思則不徇古人之陳跡，而任吾警悟之靈。乃二者不可偏廢，而必相資以為功。

　　　　學於古，而法則具在，乃度之於吾心，其理果盡於言中乎？抑有未盡而可深求者也？則思不容不審也。乃純固之士，信古已過，而自信輕，但古人有其言，而吾即效其事。乃不知自顯而入於微，自常而推於變者，必在我而審其從違；而率然效之，則於理昧其宜，而事迷其幾，為罔而已矣。

　　　　盡吾心以測度其理，乃印之於古人，其道果可據為典常乎？抑未可據而俟裁成者也？則學不容不博矣。乃敏斷之士，信心已甚，而信古輕，但念慮之所通，而即欲執為是。而不知先我而得者，已竭其思；倣古而行者，不勞而獲。非私意所強求，而曲折以求通，則乍見為是，而旋疑其非，為殆而已矣。

　　　　如是以為學，猶弗學也。且拘於其跡而愈不得通，不如其無學也。如是以為思，猶不思也。且其執之偏而反以成戾，不如其無思也。善學者豈若是乎？學非有礙於思，而學愈博則思愈遠；思正有功於學，而思之困則學必勤。不恃其性之所近，而曲成其才，存乎學者

〔註87〕參見曾昭旭：《王船山哲學》（臺北：遠景出版社，1983年初版），頁291。

之自勉而已矣。〔註88〕

所以長篇地引述原文，是欲藉船山詳密，透闢地論辯，掌握學、思二者互動間，即離依違，相生相成的關係。在此船山特別強調「思」的主動性，吾人事先要自覺地「任吾警悟之靈」抱持一存疑的態度，「不徇古人之陳跡」，以便進一步提出如是之問：「其理果盡於言中乎？抑有未盡而可深求者也。」「其道果可據爲典常乎？抑未可據而俟裁成者也。」致知活動藉由詮釋以達成，自此到了批判的階段，但批判只是手段，能「自顯而入於微，自常而推於變者」，才得臻於創發的境地。

不同於當世儒學主流就心性主體之逆覺體證進路，〔註89〕船山強調由本貫末，即體致用，由「貞一之理」求「相乘之機」，詮釋是「道」的揭示過程，更有道德志業，歷史文化凝成的創造性意義。於《周易》以乾坤並建爲宗，以人爲天地立道建極，而發揮「貞天道以立人道」的思想。於《尚書》開出道心、人心，互藏交發，以爲天日命，性日生日成。於《詩經》則闡發詩風民情，情以柔婉之仁爲正，而復以中和以節情。於《禮記》則續大禮，立人道，天理人性，仁體禮用。於《春秋》貴夏尊王，賤夷卑霸，道權並行，以嚴夷夏、王霸之辨。在《四書》的詮釋上，於《大學》明以格物爲始教之次序，倡明德新民和合爲至善，使內聖外王的德業達到極致。於《中庸》言天命人性，內外合一之至德至誠。於《論語》以事功顯道，使上下一致，始終合轍，以達聖人之境。於《孟子》盡心知性知天，氣貫心、性、天，使理氣、心性、天人、教道得以貫通。〔註90〕

船山自許於傳統儒學能「開生面」，並據以權衡評隲宋明理學家之得失，

〔註88〕 王夫之：《四書訓義，卷六》，《船山全書》第七冊（湖南：嶽麓書社，1996年初版），頁300～301。

〔註89〕 牟宗三先生在《心體與性體》（臺北：正中書局，1987年初版）一書中將宋明儒學判爲三系。他說：「由《中庸》、《易傳》回歸于《論》、《孟》，直下通而一之而言『一本』，以成圓教之模型，是明道學；由此開五峰之『以心著性』義，此爲五峰蕺山系。直從孟子入，只是一心之申展，則是象山之圓教，此爲象山陽明系。北宋自伊川開始轉向，不與濂溪、橫渠、明道爲一組，朱子嚴格遵守之，此爲伊川朱子系。伊川是《禮記》所謂『別子』，朱子是繼別子爲宗者。五峰蕺山是明道之嫡系。」見該書頁54。

〔註90〕 這是籠統概括地說明，主要用以勾勒出船山對經典的箋解注疏上，所獲致的後人所共通認定之成果，舉以進而闡述其詮釋學方法論上的特色。這裡的說法主要參考張立文先生《船山哲學》（臺北：七略出版社，2000年初版）一書，第二章〈六經責我開生面〉中之見解。

在船山的詮釋學處處顯露著「對比辯證的思維模式」。船山肯定陸王就創造性而言心體，但亦不滿其止於此，而有類於禪學之弊；肯定程朱之以性為眾理之藏，但不以理之超越靜存為足，進求達用之事業。所以船山的詮釋是以「道」為依據，以「人」為核心的，一個是由詮釋者透過對經典的詮釋活動，上而調適於道的「以體驗之」進路；一個是由道開顯於經典以及詮釋者，強調體驗的「驗之以體」實踐進路，〔註91〕「兩端而一致」以「溯其源」、「究其委」。〔註92〕

　　　　天下之變萬，而要歸于兩端，兩端歸于一致。〔註93〕

究其委，「虛實」是兩端、「動靜」是兩端、「清濁」是兩端；但溯其源，「實不窒虛」、「靜者靜動」、「濁入清而體清，清入濁而妙濁。」〔註94〕兩端是相涵攝的辯證關係，而非截然兩橛。

　　是以船山的詮釋活動，一方面既接納陸王對於心之創造性的肯定，一方面亦接納程朱對於性為眾理之藏的肯定，依船山所領會之本體，是既賦創造義、活動義，又具存有義的，其「不只是當幾之化，而更能凝定其理，還滋其性者。」〔註95〕對於程朱在道德生活上易偏枯於「靜一誠敬」，而不能開展道德事業；朱子於格物窮理上易破碎於「支離工夫」，而使得歧出於本體，〔註96〕船山在魁柄處求其正，由本貫末，由體致用，以為如是方可謂之儒學，如是方是既存有既活動的儒學創造性「生面」。

〔註91〕林安梧先生以為「（船山歷史詮釋法）深染中國傳統所謂的『體驗法』。不過它實又因以通之，調適而上遂的改造了中國傳統的『體驗法』。傳統所說的『體驗』一詞指的是『親知』，而船山這裏強調的『體驗』則是一種『驗之以體』及『以體驗之』的活動。」（《王船山人性史哲學之研究》，頁86～87）。

〔註92〕「兩端者，究其委之辭也；一者，泝其源之辭也。」《尚書引義，洪範四》，《船山全書》第二冊（湖南：嶽麓書社，1996年初版），頁358。

〔註93〕王夫之：《老子衍》，《船山全書》第十三冊（湖南：嶽麓書社，1996年初版），頁18。

〔註94〕「兩端者，虛實也，動靜也，聚散也，清濁也，其究一也。實不窒虛，知虛之皆實。靜者靜動，非不動也。聚于此者散于彼，散于此者聚于彼，濁入清而體清，清入濁而妙濁，而後知其一也，非合兩而以一為之紐也。」《思問錄內篇》，《船山全書》第十二冊（湖南：嶽麓書社，1996年初版），頁411。

〔註95〕參見曾昭旭：《王船山哲學》（臺北：遠景出版社，1983年初版），頁298。

〔註96〕參見牟宗三：《心體與性體》第一冊（臺北：正中書局，1981年），頁18。

第三章　船山有關《論語》之詮釋著作

　　孔子被視爲儒學的典範，歷經幾千年的流傳，以及不同人的詮釋，在不同的時代，有著不同的面貌。梁啓超先生在《清代學術概論》一書中說：

> 寖假而孔子變爲董江都、何邵公，寖假而孔子變爲馬季長、鄭康成矣。寖假而孔子變爲韓退之、歐陽永叔矣，寖假而孔子變爲程伊川、朱晦庵矣。寖假而孔子變爲陸象山、王陽明矣。寖假而孔子變爲顧亭林、戴東原矣。〔註1〕

這樣紛陳炫爛的現象中，個個都自視承續得儒學之眞傳，探窺得《論語》之深蘊。但發揚創設者雖存之，而迷津亡途者亦所在多有。故歷代亦不斷有回歸經典的呼聲響起，如：在經學上，王弼註解《周易》，以之作爲對漢《易》乖離王道之反動；唐代，孔穎達編撰《五經正義》摒除魏晉以玄理解經之見解。在思想上，中唐，韓愈以衛道的襟懷著〈原道〉，宋代學者爲破除漢唐以來的注疏典範，而另立詮釋方法，都旨在原始儒學的回歸。

　　對於家國和身世的強烈責任感和使命感，是儒者永矢不變的懷抱和執著。宋明理學崇尙義理的闡發，深究微言大義，於一己之內修和道德教化，雖亦其功。但當國事如麻，江山將頹之際，亟思有裨補世道之術，能經綸世務之才，以賡續儒學正統自居之理學家，反被譏諷爲「無事袖手談心性，臨危一死報君王。」顧炎武更將之視爲亡國之禍因，他說：「劉石亂華，本於清談之流禍，人人知之，孰知今日之清談有甚於前代者。昔之清談談老莊，今之清談談孔孟，未得其精而已遺其粗，未究其本而先辭其末。不習六藝之

─────────────
〔註 1〕 梁啓超：《清代學術概論》（臺北：臺灣商務印書館，1985 年），頁 143～144。

義，不考百王之典，不綜當代之務，舉夫子論學、論政之大端一切不問，而曰『一貫』，曰『無言』，以明心見性之空言，代修己治人之實學，股肱惰而萬事荒，爪牙亡而四國亂，神州蕩覆，宗社丘墟。」〔註2〕在文化上，理學被視作是背離孔孟之道的異端之學，有志之士無法再安於現狀，開始對士風及思潮做全面的反思和探討，著重人倫日用與經世致用之的思潮勃興，在思想上，提倡經學，檢討科舉制度之興革；在學術上，經學成爲研究的重點，深關國計民生的「實學」，也成爲不可不熟究的課題；在方法上，揭櫫忠於文本與原意的讀經態度，治學重考據以徵實，因而帶動文字、聲韻、訓詁等「小學」的昌盛。

　　船山有關《論語》的著作，均以《四書》立篇，並無以《論語》單獨成書者，故欲探討有關《論語》的著作，則必須通過相關《四書》著作來瞭解。

　　船山於《四書》，致力甚多，著述篇幅、字數遠超過其餘諸經。幾佔其著作之四分之一強，其中又以《論語》的篇幅最多，此所以據以探討船山之詮譯學者。其相關著作有：《讀四書大全說》、《四書訓義》、《四書箋解》、《四書考異》、《四書稗疏》，以及已亡佚的《四書詳解》、《四書集成批解》。若將《禮記章句》中的《大學》、《中庸》章句亦收羅在內，則計有八種之多。

　　《讀四書大全說》乃取胡廣奉敕編纂之《四書大全》爲底本，隨文箚記，辨析義理，暢抒己見，《四庫全書》未予收錄。

　　《四書訓義》乃依朱熹《四書章句集註》以訓釋其義理。「《訓義》發紫陽之微言大義，并其所以至此者而亦傳之，使學者得入門焉」〔註3〕雖作爲教授生徒的講義，劉人熙亦稱其能「闡鄒魯之宏旨，暢濂洛之精義，明漢唐之故訓，掃末學之粃糠，儒林鴻制，偉矣皇哉」〔註4〕

　　《四書箋解》乃爲家塾弟子授讀《四書》時所作箋解。王之春有云：「吾宗船山公講求質學，兼綜漢宋，於《四書》嘗有《稗疏》、《考異》、《讀大全說》諸篇。既多所發明，然或覈同異，或辨性理，於初學爲模範者未之及焉，居嘗詬病俗塾時藝講章，莫軌正誼，課督之暇，輒取全書隨意箋釋，務使閱者恍然有悟，快然自得於心」。〔註5〕著意子弟能涵泳原典，因文見道，免受

〔註2〕顧炎武：《日知錄，卷七，夫子與之言性與天道》，《日知錄集釋（上）》（臺北：世界書局，1981年），頁154。
〔註3〕劉人熙：〈啖柘山房本四書訓義敘〉，《船山全書》第八冊，頁976。
〔註4〕同前註。
〔註5〕王之春：《四書箋解敘，四書箋解》，《船山全書》第六冊，頁376。

高頭講章、俗濫時文的不良影響，具正本清源的作用。

　　《四書稗疏》、《四書考異》二書，則屬名物訓詁、制度考證之作，《四庫全書》未予收錄。

第一節　《讀四書大全說》

　　明，永樂十二年（西元 1414 年）朝廷敕令編修《五經大全》、《四書大全》等書。胡廣、楊榮、金幼孜等人以一年的時間，完成編纂。永樂十三年（西元 1415 年）頒行天下，科舉用爲標準版本。此書以元人倪士毅之《四書輯釋》爲藍本，再補以諸儒之說。倪書原承自其師陳櫟之《四書發明》與胡炳文《四書通》，加以刪定而成，皆以發揮朱註爲主，故《四書大全》事實上亦宗朱說，〔註6〕自此，朱熹之學遂成爲明清之官學。

　　《四書大全》潦草成書，又不善剽竊，去取失當，強爲割裂；抉擇未精，龐蕪零亂。就內容言，此書無甚特色，但就影響言，則是明清官學之重要典籍。流風所及，至此開所謂講章一派，專爲時文而設。惟腐陋相仍，朱子之書，淪爲所謂龍頭講章（李卓吾語），經義廢置，學術日趨功利庸俗。而《四書大全》乃始作俑者，《四書提要·四書類存目》就以爲：

> 至明永樂中，《大全》出而捷徑開，八比盛而俗學熾。科舉之文，名爲發揮經義，實則發揮註意，不問經義何如也。且所謂註意者，又不甚究其理，而揣測其虛字語氣，以備臨文之摹擬，併不問註意何如也。蓋自高頭講章一行，非惟孔曾思孟之本旨亡，併朱子之四書亦亡矣。（卷三十六）〔註7〕

又曰：

> 案古書存佚，大抵有數可稽，惟坊刻《四書》講章。則旋生旋減，有若浮漚；旋減旋生，又幾如掃葉，雖隸首不能算其數。蓋講章之作，沽名者十不及一，射利者十恆逾九。一變其面貌，則必一獲其贏餘，一改其姓名，則必一趨其新異，故事同幻化，百出不窮，取其書而觀之，實不過陳因舊本，增損數條，既別標一書目，別提一

〔註 6〕參考馬宗霍：《中國經學史》（臺北：臺灣商務印書館，1992 年），頁 130。

〔註 7〕紀昀：《四庫全書總目提要，卷三十六》（臺北：商務印書館，1971 年），頁 758。

> 撰人而已。如斯之類，其存不足取，其亡不足惜，其說剿竊重複，
> 不足考辨，其庸陋鄙俚，亦不足糾彈。今但據所見，姑存其目，所
> 未見者，置之不問可矣。（卷三十七）〔註8〕

可知，明代《四書》宗朱之著作甚夥。惟多似《大全》等為科舉功名的講章
之作，於經義罕有發揮，甚者，朱子之註意亦湮沒不彰。是以，有志士人於
此多有不滿。

　　船山的《讀四書大全說》亦是出於對時文之不滿，基於維護聖道之心情，
就《四書大全》隨文劄記，批駁註家之扞格本旨，以為「聖人微言，後人分
剝而喪其真如此者，可慨也。」〔註9〕亦對其常援釋道入儒的詮釋方法不滿，
常斥之為異端、邪說；而對於《集註》、《語錄》中程、朱以及他人義蘊未盡，
或千慮之失，亦能旁採眾家之說或一己之得，不假辭色地予以演繹、匡正。「《論
語》一部，其本義之無窮者，固然其不可損，而聖意之所不然，則又不可附
益。遠異端之竊似，去俗情之億中，庶幾得之。」〔註10〕是以本書在發揮上
有很高的自由度、批判性，和很強的個人色彩，貫注著一股凜然的時代使命
感，是船山學思體系非常重要的著作。

　　全書共十卷，無序文，未明載完稿時間，今據其〈和梅花百詠詩序〉：「時
方訂《讀書說》，良不暇及」〔註11〕之語，可推斷約完成於西元一六六五年，
四十七歲時。此書乃劄記體，借《四書大全》中之論點以暢抒己見，心所獨
契，自成系統。原書是用《四書》原有的篇章名稱作為標題，每個標題下面
都有若干篇論說，每篇論說之間不空行。為了閱讀方便，今人在校勘、標點、
分段後，在每篇論說的前面按順序加上編號。不似《四書訓義》之逐章訓讀
講義，本書是就《四書大全》中各家註文之偏失加以辨析，駁正，對一己有
所思、有所得之篇章才加以闡發，有繁、有簡、亦有略。其中繁者如：就〈顏
淵篇・子張問仁章〉中「克己復禮」一意，以八章的大篇幅予以闡發；其中
簡者如：對〈泰伯篇・狂而不直章〉則僅以六十九字，比較潛室之註與朱註
之優劣，但與《四書箋解》相比，則又遠為詳密；而較之《四書訓義》、《四
書箋解》，本書略而不論之章節亦多，但就質而言，價值和影響卻是遠較兩書

〔註 8〕同前註，頁 788。
〔註 9〕王夫之：《雍也篇，讀四書大全說》，《船山全書》第六冊，頁 688。
〔註10〕王夫之：《學而篇，讀四書大全說》，《船山全書》第六冊，頁 586。
〔註11〕王夫之：《和梅花百詠詩》，《船山全書》第十五冊，頁 609。

爲高。本書有關《論語》部分，從卷四至卷七，凡四卷，是《四書》中篇幅最大者。

第二節　《四書訓義》

《四書訓義》約七十萬言，凡三十八卷，計《大學訓義》一卷、《中庸訓義》三卷、《論語訓義》二十卷、《孟子訓義》十四卷，是船山相關《四書》著作中，篇幅最大的，校補標點後，字數已逾百萬字。王敔在〈薑齋公行述〉一文中，記述船山的著作時提及：「四書則有《讀大全說》、《詳解》、《授義》。」而鄧顯鶴在〈船山著述目錄〉一文「《四書訓義》」條下註明：「又名《授諸生講義》」。劉審吾的〈衡陽劉氏珍藏王船山先生遺稿記〉記載他家中所藏有的船山著述稿本共有四十八種，其中的第十六種爲《授諸生講義》。可得知《授諸生講義》是最初的題耑之辭，《授義》是它的簡稱，《四書訓義》則是正式的書名。

本書是授課所用的講義，未註明成書時間，但據其內容，多與《讀四書大全說》有相近以及相互發明之處，推斷船山在《讀四書大全說》脫稿之後，依循既定理路寫作本書，以資授業之需，故成書當晚於《讀四書大全說》，約在西元一六六六年，年四十八歲時。〔註12〕張西河先生的《明王船山先生夫之年表》中亦持相同的看法：「以《周易內傳》成於《外傳》之後，及守〈象爻〉立誠之辭，不容有毫釐之踰越推之，則此或作于《讀大全說》之後，故有不與《集注》苟同之處也。」〔註13〕

《四書訓義》是以朱熹的《四書章句集註》爲依據，進一步訓釋義理，在每卷題之下均「有宋朱熹集註、明衡陽王夫之訓義」的字樣，因以爲名。其體例先逐章引錄朱熹《集註》於前，而於章句之下，標出文字的古寫以及古音、古訓，再「訓義」於後。在文字上，本書援引古義以辨證俗謬之處，對於字有音同義異者，如：察、詧之類；義同音異者，如：煖、煗之類；有音義皆異者，如：好、攷之類；有形似而訛者，如：苟、茍之類，區以別之。至於部首上，今從芉之字作卝，從艸之字作卝，而「萬」像蟲形，非芉非艸，

〔註12〕參考劉春建先生所著《王夫之學行繫年》（河南：新華書局，1989年四月初版）。
〔註13〕張西河：《明王船山先生夫之年表》，（臺北：臺灣商務印書館，1978年），頁184。

亦概作卅；攴、夊同攵，走、辵同辶，兩體互見者，船山在本書中亦能斟酌古今，令讀者詳辨之。劉人熙在〈啖柘山房本四書訓義敘〉一文中提到：「至於《訓義》，專以《集注》爲宗，《稗疏》、《讀大全》諸說半不屬入，蓋其慎也。若心所獨契，確然質百世而無疑者，則亦不與《集注》苟同。」〔註14〕故船山在本書除了闡發經文義蘊外，對於《集註》之說亦有所論議。

第三節　《四書箋解》

西元一六五一年，船山由桂林返鄉之後，隱跡山林，教讀、著述成了他最重要的工作。自此之後的十年之間，著作甚豐，諸如：《周易外傳》、《尚書引義》、《黃書》等重要著作，均完成於這期間，可謂精力充沛。而《四書箋解》亦當完成於此時。在本書〈衛靈公篇・由知德章〉中，船山提及：「先子曾以此請教於劉望圭先生」，〔註15〕則可斷言，此書必作於其父卒後。另在本書中，對弟子常教導他們應試時不可作之事，顯然是爲科考而發之言，船山仍希望弟子們應考出仕，似爲續夢庵時期之作，時桂王尚未覆敗。

就內容而言，本書與《讀四書大全說》大體相近，但有詳略之分。如《論語》，〈衛靈公篇・吾道一以貫之章〉，本書以爲「一以貫之」四字，並非倒裝句，不可云「以一貫之」，《讀四書大全說》於此亦有一專論，認爲此正是聖學與異端區別所在。又如在《論語》，〈顏淵篇・足食足兵章〉，其迥異各注家的看法，亦多與《讀四書大全說》相類。至於體例方面，則又《四書訓義》相同，或可視之爲其藍本。〔註16〕

就寫作的目的而言，據王之春〈四書箋解敘〉一文，他說：「船山……於《四

〔註14〕劉人熙：〈啖柘山房四書訓義敘〉，《船山全書》第八冊，頁976。

〔註15〕王夫之：《四書箋解，卷四下論，衛靈公篇，由知德章》，《船山全書》第六冊，頁246～247。

〔註16〕據王之春先生〈四書箋解敘〉一文，本書乃是船山督課，針對初學所作之箋釋，而據劉人熙先生〈四書授義敘〉一文，則是「船山高足子弟，親炙光澤，得諸口授。」而筆之書者。另，成書年代，王孝魚先生在〈《四書箋解》編校後記〉一文中，以爲本書在思想上近於《讀四書大全說》在文字的段落分析和主題認識上，則與《四書訓義》相同，故推斷其成書時間，當在由桂林返家，閉門教讀的那十年間。而劉春建先生的《王夫之學行繫年》則認爲本書內容不再拘守朱熹的《集註》，而多有所發揮之處，有別於《讀四書大全說》以及《四書訓義》，而與《思問錄》視爲同時間的著作，大約完成於西元一六八六年，船山六十八歲之時。本論文於此採取王孝魚先生之說法。

書》嘗有《稗疏》、《攷異》、《讀大全說》諸篇……於初學爲文模範者未及焉，居嘗訴病俗塾時藝講章，莫軌正誼，課督之暇，輒取全書隨意箋釋，務使閱者恍然有悟，快然自得於心，蓋意在示家塾法程，非云著述也。」〔註17〕目的在使學子能因文見道，貼切聖心，而勿受明季高頭講章，以及俗濫時文的負面影響。

第四節　《四書稗疏》

船山諸經稗疏共有：《周易稗疏》、《尚書稗疏》、《詩經稗疏》、《春秋稗疏》四種，均於清季乾隆朝時，由湖南巡撫采錄，收入《四庫全書》中，惟獨《四書稗疏》一書未見采錄，亦難詳其因由。《四書稗疏》全書共一百零五條，內容都爲名物、制度之考訂。其中《論語》部份分上、下兩篇，佔三十九條之多。

本書當早於《讀四書大全說》。《讀四書大全說》卷六，〈先進篇・魯人爲長府章〉，船山於篇末有「爲長府，改錢法也，詳《稗疏》。」〔註18〕一段文字可爲證。

對名物、制度的考訂，是一項瑣碎繁雜的工作，廣博的知識基礎、淵深的文學根底、科學的實證精神，缺一不可。船山很重視名物訓詁，「經正，斯無邪慝。」所以有言：「訓詁之學，不可忽也。」〔註19〕船山主張讀書當自小學始，非對字之音義，以及制度、名物有正確地把握，則無由通曉經義。是以「作詩亦須識字」「字尚不識，何況文理？」〔註20〕船山諸經《稗疏》著作，多成書於《傳》、《章句》之前，就是這種學問功夫次第之體現。《四庫全書》就稱許「其詮釋名物，多出新意。」〔註21〕

《論語》，〈述而篇・子疾病・子路請禱章〉，對於「誄」，《集註》以爲是「哀死而述其行之辭」，船山則以爲「子路當夫子疾病之時，而稱哀死之辭，

〔註17〕王之春：〈四書箋解敘〉，《船山全書》第六冊，頁376。

〔註18〕王夫之：《讀四書大全說，先進篇》，《船山全書》第六冊，頁754。

〔註19〕王夫之：《尚書稗疏，卷四下，朕復子明辟章》，《船山全書》第二冊，頁176。

〔註20〕船山說：「作詩亦須識字。如『思』、『應』、『教』、『令』、『吹』、『燒』之類，有平仄二聲，音別則義亦異。若粘與押韻，於此鶻突，則荒謬止堪嗤笑。唐人不尋出處，不誇字學，而犯此者百無一二。宋人以博核見長，偏於此多誤。」見《薑齋詩話，夕堂永日緒論內編》，《船山全書》第十五冊，頁828。

〔註21〕《四庫全書簡明目錄》，《船山全書》第二冊，頁228。

雖君子之前可無拘忌,然亦太不倫矣。」﹝註22﹞所以他從文字著手,檢索《說文》,得知「此『誄』字當作讄,或作讂。許氏曰:『禱也,累功德以求福。』而引《論語》『讄曰』以徵之。其從言從耒者,許氏曰『諡也』。」﹝註23﹞在文字上加以考訂之後,「誄」則當為致禱之辭,如此子路之行為方不致有悖禮之嫌。

除了在文字上的考訂外,對名物、制度上亦有精審之發明。如於《論語》,〈憲問篇‧高祖諒陰章〉,對朱子未審之「諒陰」,則從古代禮制上,考據其為天子居喪之廬;於《論語》,〈陽貨篇‧佛肸召‧子欲往章〉,從名物上,辨析「瓠之與匏,一物而異名。當其嫩可食則謂之瓠,及其畜之為笙瓠杓壺之用,皮堅瓤腐而不可食矣,則謂之匏。」﹝註24﹞如是孔子所云:「吾豈匏瓜也哉?焉能繫而不食?」引喻「豈能徒老而不適於用」,如此方能彰明文義。

船山在一己之學術自覺和時運際會兩相綰合下,能兼採漢、宋之長,考據、義理並重,「義理可以日新,而訓詁必依古說」﹝註25﹞既言「漢儒之必不可毀。」﹝註26﹞又惡鄭玄,以為其「誣神媟天,瀆祀惑民」,「罪不容貸」。﹝註27﹞而實乃亦甚服膺朱子。船山有關《四書》之作,大多以朱子《集註》為本而敷衍之,但亦多有所斟酌,本於學術良知和後出轉精的態度,不為其私心曲護,於當匡正之處,亦能予以填縫補遺。

第五節　《四書考異》

《四書考異》全書凡一卷,計八十七條,《論語》佔二十四條,是船山相關《四書》著作中篇幅最小的一部。亦未著明成書時間,但應當晚於《四書稗疏》。本書「讄曰」一條下有云:「讄,力軌切,說詳《疏》中。」﹝註28﹞《疏》即是《四書稗疏》。又其亦應當晚於《詩經稗疏》、《詩經考異》二書,因「菉竹猗猗」一條下有云:「菉從艸,本訓王芻也。詳《詩稗疏》。」;﹝註29﹞另「鳶飛戾天」

﹝註22﹞ 王夫之:《四書稗疏,論語上篇,誄章》,《船山全書》第六冊,頁32。

﹝註23﹞ 同前註,頁33。

﹝註24﹞ 王夫之:《四書稗疏,論語上篇,匏瓜章》,《船山全書》第六冊,頁46。

﹝註25﹞ 王夫之:《詩經稗疏,卷三,黃流在中章》,《船山全書》第三冊,頁166。

﹝註26﹞ 王夫之:《詩經稗疏,卷三,是類是禡章》,《船山全書》第三冊,頁174。

﹝註27﹞ 王夫之:《讀通鑑論,卷十一,王肅學勝鄭氏章》,《船山全書》第十冊,頁418。

﹝註28﹞ 王夫之:《四書考異》,《船山全書》第六冊,頁84。

﹝註29﹞ 王夫之:《四書考異》,《船山全書》第六冊,頁83。

條下亦有句云：「鳶當作鴟，詳《詩考異》」。〔註30〕

全書從形音義三方面，以單句為例，就其中之一字，考異古今字形之異、反切及字義。著意於此，欲在於豁顯經典之本義。如〈鄉黨篇·寢不尸章〉中「風烈」之「烈」，船山以為當作「颲」，因其切合文義，「烈當作颲。烈，火盛也。」〔註31〕又對於〈陽貨篇·孺悲欲見孔子章〉「孔子辭以病」句中之「辭」字做如此的考辨：「辭命之辭從䚻，辤受之辤從受。古者見必有贄，不見則卻其贄。辤而不見，自當作辤。若伯喈以『虀臼』隱受辛為『好辭』之辭，則抑誤也。」〔註32〕此亦「字尚不識，何況文理？」之學思所得，履踐功夫之著作。

船山針對《四書》的詮釋著作，主要是以朱熹的《集注》為基礎，除了代表他對朱子的服膺和推崇之外，還有另一層面的動機和作用。由於朱注在元、明被列為官學後，淪為所謂龍頭講章，經義廢置，學術日趨功利庸俗。船山慨嘆聖人微言，遭後人分剝而喪其真，對其常援釋道入儒的詮釋方法不滿，常斥之為異端、邪說，故以詮釋活動作為維護道統的武器，批駁佛老。本於學術立場的超然，研究目光之高遠，船山亦能理性地對於《集註》、《語錄》中程、朱以及他人義蘊未盡，或千慮之失，旁採眾家之說或一己之得，不假辭色地予以演繹、匡正。使能「遠異端之竊似，去俗情之億中，庶幾得之。」

在內容和思想上，船山亦有積極的超越意義。在時運際會和學術自覺兩相綰合下，他在詮釋方法上能兼採漢、宋之長，考據、義理並重。清代大儒治學，尤其是治經學，固無不專重考據之學，有思想者，亦能與義理並重。船山於《四書》有《訓義》、《說》、《箋解》等發明義理之著作，亦有《稗疏》從事於音義、名物、制度的考覈、校訂。王之春先生就綜言之曰：「吾宗船山講求質學，兼綜漢、宋，於《四書》嘗有《稗疏》、《考異》、《讀大全說》諸篇，（既）多所發明，（然）或覈同異，或辨性理。」〔註33〕

所以船山的《四書》詮釋活動，在目的上，是既代聖賢立言；在方法上，亦企求所講、所明者即皆聖賢之道；在心情上，更不容經典淪而僅為羔雁之技。

〔註30〕王夫之：《四書考異》，《船山全書》第六冊，頁89。
〔註31〕王夫之：《四書考異》，《船山全書》第六冊，頁94。
〔註32〕王夫之：《四書考異》，《船山全書》第六冊，頁95。
〔註33〕王之春：〈四書箋解敍〉，《船山全書》第六冊，頁376。

第四章　作為闡道翼教者之詮釋活動

　　徵諸詮釋學的發展流衍，可看出都是環繞著文本，以其作為核心而進行的理解活動，無論是宗教經典、歷史文獻、文學作品，以及法律規章的詮釋和傳播，莫不如是。古典的詮釋學派的詮釋活動，是要盡可能地依循創作者心思或作者意圖，以及原本的歷史情境去理解文本。詮釋學在這一個時期主要的思考重心和學術任務，就是如何讓經典呈現其精神原貌，以期達到「精確地」和「同樣地」理解，亦即船山所說的：「看聖賢言句，卻須還他本色，無事攀緣求妙。」〔註1〕

　　中國的訓詁學和西方的詮釋學都有著悠遠深厚的歷史背景，也同樣以詮釋語言、文字的意義為其目的。在發展的歷程中，由於語言、文字以及思維習慣之差異，各自形成了獨有的特點，但也存在許多共同的方法和規則。漢儒章句之學，著重以「文字」、「聲韻」、「訓詁」、「考據」客觀的方法和規則，考掘經典的原意。船山為學能兼採漢、宋之長，於其時能著意名物制度之訓詁，他的《四書稗疏》、《四書考異》二書，更是特別措意於此，以為欲通達曉明經義，必自考文始，所謂：「作詩亦須識字」，「字尚不識，何況文理？」〔註2〕非藉由對《論語》原初意蘊的掌握，則無從闡發聖心，賡續道統。

第一節　讀《論語》心法

一、普世法則

〔註 1〕 王夫之：《讀四書大全說》，《船山全書》第六冊，頁807。
〔註 2〕 王夫之：《薑齋詩話，夕堂永日緒論內編》，《船山全書》第十五冊，頁828。

聖人酌權以立萬世之經〔註3〕

有《四書大全》註家西山者（真德秀），針對〈事父母幾諫章〉，推「幾諫」之義，而及於天子、諸侯之子，船山以為其未審於義。蓋孝親乃普世之法則，而孝親以道亦是普世之法則，故諫諍以禮，不必遺於天子、諸侯之子；亦不必專於天子、諸侯之子，「故不為天子、諸侯立以子諫父之禮。」〔註4〕經典之所以成為經典，因其體現著一種普世的規範和價值，而此規範和價值，可以超越時空。船山在《讀四書大全說・學而篇》的第一章，開宗明義做如是地提醒：

> 讀《論語》須是別一法在，與《學》、《庸》、《孟子》不同。《論語》是聖人徹上徹下語，須于此看得下學、上達同中之別，別中之同。〔註5〕

又云：

> 除孔子是上下千萬年語，自孟子以下，則莫不因時以立言。〔註6〕

這裡所謂的「上下千萬年」者，是指在時間流中，孔子學說之益加貞定，「徹上徹下」者，是指《論語》同體合受的普世價值。我們在閱讀經典時，經典不當是純然被動地，而是可主動地給我們影響，經典不是與解釋者無關的客體，與經典的對話過程中，我們將意識及彼此的世界是兩相滲透而交互影響，在此過去和現在不斷融合，如是動態的過程，經典所含蘊的智慧，才能使我們受惠。對於有全體大用的《論語》，船山也要我們不可因事、就人，但措意於個別義，而淪於偏枯，致使經義無法靈動以生筋活肉。他說：

> 看聖人言語，須看得合一處透，（如「克己復禮」，「主敬行恕」等，無不以此五者行之。）則全體、大用，互相成而無礙。若執定藥病一死法，卻去尋他病外之藥，（謂恭、寬、信、敏、惠外更有何道。）總成迷妄。聖人之教，如天地之有元氣，以之生物，即以之已疾，非以藥治病。則梔、芩不必與烏、附合，而人參亦且反藜蘆。凡藥之於病，生於此者，誤用之彼，則為殺。（〈陽貨篇・子張問仁章〉，《論語》）〔註7〕

聖教渾淪一氣，無私覆，無私載，自不能以藥況喻之，亦不得以治病療傷為

〔註3〕 王夫之：《讀四書大全說・里仁篇》，《船山全書》第六冊，頁648。
〔註4〕 同前註。
〔註5〕 王夫之：《讀四書大全說・學而篇》，《船山全書》第六冊，頁584。
〔註6〕 王夫之：《讀四書大全說・公冶長篇》，《船山全書》第六冊，頁651。
〔註7〕 王夫之：《讀四書大全說》，《船山全書》第六冊，頁864～865。

其效用。若以藥況喻之，則「將所以藥子張者，必且以賊他人。而此五者，自上智至下愚，有一而不當行者乎？故知聖人之言，必不爲藥。」〔註8〕（〈陽貨篇・子張問仁章〉）船山苦心再三，其詣旨在提醒我們，若沒有一個正確的詮釋態度去融攝經典，不僅聖意不足豁顯，亦恐將迷途而不知其遠，陷溺於異端而不自知。他說：

> 《論語》一書，先儒每有藥病之說，愚盡謂不然。聖人之語，自如元氣流行，人得之以爲人，物得之以爲物，性命各正，而栽者自培，傾者自覆。如必區區畫其病而施之藥，有所攻，必有所損矣。釋氏唯欲爲醫王，故藥人之貪，則欲令其割血肉以施，藥人之淫，則絕父子之倫。蓋凡藥必有毒，即以人葠、甘艸之和平，而葠能殺肺熱者，甘艸爲中滿人所忌，況其他乎？〔註9〕

自秦以降，所謂儒學者，多止於詞章記誦；所謂治道者，則不過權謀術數；而身心之學，反以付之於佛老。打著儒學的旗幟，卻背反儒學，此正是船山不能稍容赦於心者。故於此，對其素來尊崇的朱子，因其偶有此疵，亦不假寬貸。他說：「《朱子語錄》極有參差處，甚難揀取。想來朱子未免攣定『隨病下藥』作教法，故彼此異致，乃至屈聖言以伸己說者有之，不能如聖言之川流各別而不相害悖也。」〔註10〕

詮釋活動的開始，固必有「先見」在作用，但在詮釋過程中，它與對象相互滲透，在終點能有融攝的積極義。「屈聖言以伸己說」，經典至此僅流於工具性，喪失了它的超越義。詮釋經典，船山告訴我們：「讀書最忌先立一意，隨處插入作案，舉一廢百，而聖人高明廣大之義蘊隱矣。」〔註11〕（〈微子篇・大師摯適齊章〉），《論語》固爲聖子與弟子問答之篇章，生活之記錄，因事即理，我們必須對其因事、就人、隨境之所言、所爲，抽繹其普遍義、積極義，如是經典方能如實無妄地呈現精義，而又能呼應我們的生命。

二、貼切原意

經典之所以爲經典者，在其可爲常經，可爲典要。經典是一存有（Sein），

〔註 8〕 同前註。
〔註 9〕 王夫之：《讀四書大全說，爲政篇》，《船山全書》第六冊，頁604。
〔註10〕 王夫之：《讀四書大全說，季氏篇》，《船山全書》第六冊，頁852。
〔註11〕 王夫之：《讀四書大全說，微子篇》，《船山全書》第六冊，頁876。

而人則是存有者（Da-Sein），〔註12〕經典自有其意義脈絡，經典雖透過詮釋者來顯義，但要者，是經由詮釋者而言其所言，存有須藉存有者來開顯，但開顯其自身。船山說：

> 《論語》一部，其本義之無窮者，固然其不可損，而聖意之所不然，則又不可附益。遠異端之竊似，去俗情之億中，庶幾得之。〔註13〕

> 看聖賢言句，卻須還他本色，無事攀緣求妙。〔註14〕

> 看書……徒務纖新，鮮有不悖也。〔註15〕

船山所謂《論語》別有一法，而不與《大學》、《中庸》、《孟子》相類，故若本淺作深，本近求遠，或本實而求虛者，自是乖背而不能切合原始義蘊。

〈雍也篇‧人之生也直章〉：「人之生也直，罔之生也幸而免。」人之初生純然良善，其後若悖乎生理，有逆天理違人道者，必及災殃，宜乎死，故其生乃僥倖而免。若「罔之生」之「生」字，以言有生之初，此不合於天理者。《四書大全》註家本淺而作深解，亦未能於文章脈絡中，尋繹其旨，迷失原義，故船山予以批駁。他說：

> 「生」字只當「活」字，與下「幸免」相對，不當說到有生之初上去。〔註16〕

〔註12〕「Sein」、「Dasein」是海德格（Martin Heidegger 西元 1889～1976 年）在《存在與時間》（《Sein und Zeit, Being and Time》）一書中所提出的兩個重要概念。Sein 是德語的系動詞，在中文中很難找到一與之對應的詞語。概言之，Sein 的基本意義可在中文中找到三個詞來表達：即「是」、「在」、「存在」。Dasein 是由德語中的兩個字根 Da（此）和 Sein（存在）組合而成，故亦翻釋爲「此在」。在德國古典哲學中，這一概念被用以稱謂和存在相對的確定的存在者，在海德格的哲學中，Dasein 是特定用以指「存在著的人」，這樣的存在者，所以是與其他的存在者是有所區別的。《存在與時間》一書，是從對「存有者」（「此在」）的分析開始著手，海氏指出，傳統對於人的存在的詮釋是片面的，只集中於我們從事理論化和冷靜反思時的存在方式。海氏對「存有者」的分析，也是一種存有學意義上的詮釋學，它提供對於「理解如何可能」的一般說明。人，作爲自我詮釋的存在，正是在其活動的生活過程中，創造自己的存在，因此，作爲日常的活動者，「存有者」並不是一具有屬性的客體，而是「延展於生與死之間」的生命的「臨現」。有關這兩個名詞的真確概念，請參閱海氏所著《存在與時間》一書中譯本（王慶節、陳嘉映合譯，臺北：桂冠圖書公司，1990 年初版）〈導論，第一章〉以及〈第一篇，第五章，第三節〉。

〔註13〕王夫之：《讀四書大全說，學而篇》，《船山全書》第六冊，頁 586。

〔註14〕王夫之：《讀四書大全說，憲問篇》，《船山全書》第六冊，頁 807。

〔註15〕王夫之：《讀四書大全說，顏淵篇》，《船山全書》第六冊，頁 779。

〔註16〕王夫之：《四書箋解，卷三，上論，雍也第六，人之生也章》，《船山全書》第

又〈衛靈公篇・知及之章〉：「知及之，仁不能守之；雖得之，必失之。知及之，仁能守之。不莊以涖之，則民不敬。知及之，仁能守之，莊以涖之。動之不以禮，未善也。」船山以爲此章以治人言，言君子有「知」乃得周徹於事理；「仁能守之」，言其不爲物所蔽、所亂，可守其「知」，而於行弗失。他說：

> 「知及」、「仁守」亦以應事接物之理言，不可擾入心學說。二「之」字指事理。「莊以涖之」之字兼事與人說，涖事即以臨民也。既有「民」字，故「動之」之字專指民。……大要此章以治人而言。」〔註17〕

此二「之」字，乃就事理而言，擾入心學之說，本淺作深，本實作虛，亦悖離原義。

又同篇〈當仁不讓於師章〉，船山說：

> 「當」字只是值字意，俗解作擔當，不知仁如何硬死抵當，可笑之甚，是「當軍」、「當徒」之當矣。〔註18〕

「當仁不讓」乃於眞實生活世界場域中，因時依事據理，爲其所當爲者。船山於此對「當」字，作「當軍」、「當師」二解，指因其位，於當軍臨陣，當徒而面對眞理時，不有所讓，勇往而有所爲。以「當仁」作「存仁」解，此亦本近求遠，本實作虛者。

又同篇〈道不同章〉，船山說：

> 「道」字只作路字解，言各走一路。〔註19〕

不相謀者，乃彼此善惡、正邪之不同，心志、理念之相異。擇友、居處，必里仁就有道以正。孔子於此只是期人要挺立生命之主體性，強調「抉擇」之重要。切不可將「道」蹈空而論說，本近而求遠，自是反不得彰顯原義。

三、實踐精神

「實踐」一義，是走向實有世界，以整體社會情境爲對象，而與之對話，並有所反思。對於眞實生活世界，不能有反思，就不算是眞切的對話。儒者

六冊，頁 193。
〔註17〕王夫之：《四書箋解，卷四，下論，衛靈公第十五，知及章》，《船山全書》第六冊，頁 252。
〔註18〕王夫之：《四書箋解，卷四，下論，衛靈公第十五，當仁章》，《船山全書》第六冊，頁 253。
〔註19〕王夫之：《四書箋解，卷四，下論，衛靈公第十五，道不同章》，《船山全書》第六冊，頁 253。

一股沛然自覺的實踐力，透過反思，是要上而調逐通極於道，再求化育裁成。船山對宋明儒者，充滿懷疑與批判，懷疑不是在學思上的全然對反，批判是回歸之進路，是對異端竄入正統儒學，所爲撥雲見日之任務。船山所不欲見者，儒學蹈空只爲「實踐的理論」，或只是不能眞成爲一「理論的實踐」，喪失了如實開顯在生活場域中的儒學實踐精神。〔註20〕「學而時習之，不亦說乎！」此「習」即是實踐的精神，絕非對知識作教條化的誦讀，和機械式的操作。《論語》重實踐，貫串其中的是一份理想，所以船山詮釋經典，建構思想體系，不僅僅是一己學思之體悟，更是掛搭著整個民族文化的慧命來建構的。船山講「性日生日成」，就是在強調動態有機性的實踐力。船山即「器」而言「道」，也是重實踐義的。

　　《論語》是言談的記錄，是生活的記錄，顯揚出聖學是以實存生活世界爲場域，以彰道、顯道者。〈鄉黨篇〉通篇記孔子容色言動，尹焞以爲此乃孔門弟子嗜學，故而記之。其不知誠如楊時所言：「聖人之所謂道者，不離乎日用之間也。」不離乎日用之間，正是儒學實踐的性格，即一走向生活世界的儒學。後儒於此有所體會時，船山亦不吝予以讚揚。

　　　　慶源（輔廣）「細密近實」四字，道得聖人全體大用正著。其云「實」
　　　　者，即朱子「身上迸出來」之意；其云「密」者，即朱子「做得甚
　　　　分曉」之意。〔註21〕

同篇〈食不厭章〉記孔子：「色惡，不食。臭惡、不食。」船山提醒我們：

　　　　聖人只是一實，亦只是一密；於義但精，於仁但熟，到用時，須與
　　　　他一段疊疊勉勉在。〔註22〕

接著他又說：「『色惡，不食。臭惡、不食。』而藉云自然，非出有心，則天下之好潔而擇食者，亦自然不食，而非有所勉。」詮釋《論語》，體會《論語》，

〔註20〕此處所謂「實踐的理論」和「理論的實踐」，乃引林安梧先生在〈「當代新儒學」及其相關問題之理解與反省〉一文的說法，該文 1993 年 12 月寫於美國威斯康辛大學訪問期間。林先生鑑於《鵝湖》同仁對周遭事物的關懷不足，亦甚少對現實的生活世界提出概念性的反思，只以典籍爲依歸，或停留在以前輩所開啓的問題爲問題，而忽略了自己的提問和反思。所以他以爲「《鵝湖》師友所涉及的實踐仍只是『理論的實踐』，而其所涉的理論亦不能眞成爲一『實踐的理論』。」參見《儒學革命論——後新儒學哲學的問題向度》一書（臺北：學生書局，1998 年初版），頁 11。
〔註21〕王夫之：《讀四書大全說，鄉黨篇》，《船山全書》第六冊，頁 742。
〔註22〕王夫之：《讀四書大全說，鄉黨篇》，《船山全書》第六冊，頁 742。

若入於心性化、理論化，《論語》就失去靈動的生活面和實踐力。針對〈鄉黨篇〉所記有關孔子飲食、衣服兩章，船山也說：

> （衣服、飲食二節，亦須）自聖人之德，愈細愈密、愈近愈實上尋取，方有入處。朱子天理人欲之說，但於已然上見聖德，而未於當然處見聖功。〔註23〕

《論語》人人可讀，人人能讀，就在其「源泉滾滾，沛然莫之能禦」的實踐精神。不及知此，則不能掌握《論語》意蘊，而《論語》的普世之價值，亦不可得以溫潤其心。

第二節　文理脈絡的掌握

一、透過「文眼」掌握文意

「文眼」常常蘊含作者的寫作意圖，在整篇文章中有著提綱挈領、點明主題的作用。「文眼」常僅是一字或一句，但一眼關照全文，牽一髮而能動全身，我們在讀古文時要善於找出「文眼」，再緊接著扣住「文眼」，對文意做更全盤地理解。船山在詮釋《論語》時，也很重視「文眼」的提挈，在《四書箋解》中，對於〈學而篇·學而章〉，指出：

> 「學」是一章總領，然「學而時習之」「學而」二字只貫本句，下二節俱暗藏「學而」二字在，若曰學而朋來，學而不慍，故不須頂首句學字。〔註24〕

能有所樂，是得知於知識的啓迪，心靈豐實後自然地洋溢；能有所悅，是透過學習，而以文會友，以友輔仁所得致。學而有所得，自必是能安時處順，不患人之不己知，故「學」字，自是全章綱領。對〈憲問篇·桓公殺公子糾章〉：「子曰：『桓公九合諸侯，不以兵車，管仲之力也。如其仁！如其仁！』」對於孔子的讚語，船山指出：

> 須重講一「力」字。內治其國，足以建威而無所懼；外服諸侯，足以相信而可無疑；故能「不以兵車」。春秋時會盟，皆以兵車衛行防

〔註23〕王夫之：《讀四書大全說·鄉黨篇》，《船山全書》第六冊，頁744。
〔註24〕王夫之：《四書箋解，卷三，上論，學而第一，學而章》，《船山全書》第六冊，頁160。

變，惟其無威信之足恃也。〔註25〕

管仲佐桓公於王綱崩解、諸侯離散，且天下兵災頻仍之時，聚已散之人心，而合之於會盟，以禮相攜，以德柔遠。自此，兵罷而武偃，人民得以生息，而安其居，是管仲之「力」所致。而此乃以德服人之「力」，亦為仁道與霸術之所不同，高下之所由分。船山要我們於「力」字多予琢磨，意即在此。

學者之於仁，無論是居仁行仁，必力求之，而後真知之。若一念而慕，一念旋忘，不能嚴其志氣而毅然自處，樂求而不倦，則終迷於人欲紛沓之際。對於〈里仁篇·我未見好仁者章〉：「子曰：『我未見好仁者、惡不仁者。好仁者，無以尚之；惡不仁者，其為仁矣，不使不仁者加乎其身。有能一日用其力於仁矣乎？我未見力不足者。蓋有之矣，我未之見也。』」船山說：

> 「用力」二字乃一章扼要。「無以尚之」，「不使加身」，是用力求仁。
>
> 好仁惡不仁，而不用心求仁遠不仁，則亦浮慕，而好惡之心弛矣。
> 〔註26〕

蓋孔子於此所以反覆而歎息者，以為言仁之成德，雖為不易之事，若能實用其力，則亦無不可至之理，所嘆者，人之莫肯「用力」於仁。不用力而謂力不足，此亦孔子有責於冉求者。

子夏問孝，孔子答曰：「色難。」朱熹註：「『色難』，謂事親之際，惟色為難也。……蓋孝子之有深愛者，必有和氣；有和氣者，必有愉色；有愉色者，必有婉容。」船山則有不同的重心：

> 極要緊在一「難」字，《註》中「必有」二字則易矣。此正教人子於色上警省，與「色思溫」句略近。蓋人終日之間，境之順逆，情之喜怒，氣之張弛，雖心未忘親，不覺色為之變，纔一變，父母即為之不歡。須是時時提起精神，照顧父母在上，不使一念到別事上去，止求和婉以悅親，故曰「難」。〔註27〕

人之異於禽獸者，孝親亦其大端之一，孝親之心，人皆有之，孝子云者，有深愛，故必知侍親以歡顏，此船山以為「『必有』二字則易矣」之理。但人不

〔註25〕 王夫之：《四書箋解，卷四，下論，憲問第十四，桓公章》，《船山全書》第六冊，頁 241。

〔註26〕 王夫之：《四書箋解，卷三，上論，里仁第四，好仁章》，《船山全書》第六冊，頁 180。

〔註27〕 王夫之：《四書箋解，卷三，上論，為政第二，子游問孝章》，《船山全書》第六冊，頁 169。

兔爲情緒之動物,雖心不忘孝親,但於終日臨境、因情、隨氣,而能時時提振精神,顏色始終,和婉以悅親者,爲「難」。強調「難」字爲此章文眼,「此正教人子於色上警省。」

〈里仁篇・君子之於天下章〉:「子曰:『君子之於天下也,無適也,無莫也,義之與比。』」人或於此,惑於無可而無不可,而進退失據,亦有可能因謬知而流於猖狂無道者,更甚者,淪爲釋教、老聃心無所住之異端說法。所以船山在此章,強調「於天下」三字,以此來說明「義」乃於事必宜之行爲,而得盡萬事之遷變,此爲君子終必合於人心,而順乎天理者。故他說:

> 「於天下」三字要緊。君子之持身立己,自有所專主,守死不易,
> 有所不肯,一介不苟;惟於處天下之人,應天下之事,則天有時,
> 地有利,人有情,物有材,此之所可者在彼不可,此之所不可者在
> 彼則可,因吾身之安,順事物之宜,而不執一成之法以強天下,則
> 無往而不合義矣。比如水附於地,委曲瀠洄而不相離。〔註28〕

他人或以爲此章當以「義」字爲重,但於此「無適」、「無莫」強調的是我們臨境、對事而言,故著意於「於天下」三字,將可免卻上述迷惑、謬知之憾。

二、剖析「章法」掌握文意

清初大學士張英,在所作《聰訓齋語》〔註29〕一書中的〈讀書篇〉中提到:

> 《論語》文字,如化工肖物,簡古渾淪而盡事情,平易含蘊而不費
> 辭,……。秦漢以來,無有能此(四種)文字者。特以儒生習讀而
> 不察,遂不知其章法、字法之妙也,當細心玩味之。〔註30〕

《論語》是語錄體,撰著者不一,因此全書的筆法頗殊異而別致。圃翁以爲《論語》的文字,言語簡潔,意義深遠,能曲盡事物之妙,有如天功造化萬

〔註28〕王夫之:《四書箋解,卷三,上論,里仁第四,君子之於天下章》,《船山全書》第六冊,頁181。

〔註29〕張英著,王熙元審訂,江煜坤、林義烈評註:《聰訓齋語評註》(臺北:中央日報出版社,1994年),頁56。

〔註30〕原文:「《論語》文字,如化工肖物,簡古渾淪而盡事情,平易含蘊)而不費辭,于《尚書》、《毛詩》之外,別爲一種;《大學》、《中庸》之文,極閎闊精微而包羅萬有;《孟子》則雄奇跌宕,變幻洋溢。秦漢以來,無有能此四種文字者。特以儒生習讀而不察,遂不知其章法字法之妙也,當細心玩味之。」(《聰訓齋語・讀書篇》)。

物般自然。與中國散文、韻文的宗祖《尚書》、《詩經》一般，均具有文簡語樸的特色，卻又不同於《尚書》的艱奧詰屈，也沒有《詩經》六義繁複的內容和作法，所以圃翁稱其是「別為一種」。故囑意我們要能細心玩味《論語》章法、字法之妙。

　　章法亦稱結構，是指文章的謀篇佈局，組織結構、安排層次的法則。最基本的章法，就在段落上，需注意章法結構，方不至視之蕪雜，以致文意無所彰。無論詩、詞、曲、賦、駢、散文等，均有章法，不同的文體表現主題的方法不一樣，所採用的章法自然也不同。議論文要求的是立論鮮明，故要以論證嚴密的章法來凸顯中心。

　　船山於此亦甚重視，特別是在《四書箋解》一書中，有很多章法上的點明，以期諸生在讀《論語》時，能藉以掌握本意。

（一）立言之旨在篇末者

　　船山以為《論語》中許多篇章的立言之旨在篇章之末。如〈八佾篇‧夏禮章〉：「子曰：『夏禮吾能言之，杞不足徵也；殷禮吾能言之，宋不足徵也。文獻不足故也，足則吾能徵之矣。』」船山說：

> 章末一句是倒子語，〔註31〕立言之旨在焉，若只輕輕點過，則末語為贅語，而上段亦無意味。〔註32〕

對於〈為政篇‧溫故而知新章〉，他提出：

> 凡看書有兩層，皆以下句為立言之恉。〔註33〕

蓋此章言為師之道，凡人荒怠而不能習新，拘執舊之所聞，而無得於心，則將自迷而又以迷人，故不足為人師。俗解多只講上句，此船山以為不通者，皆緣於章法之未能通徹。君子律己以嚴，先持以修身，而後能待人、教人，這樣的觀點亦是貫串《論語》全書的，如〈衛靈公篇‧君子求諸己章〉船山以為句中：

> 此重下截。「求諸己」斯為「君子」，「求諸人」則小人也。「求諸己」，必己之盡道；「求諸人」，望人之厚己。合觀之，其品愈見。〔註34〕

〔註31〕湖南圖書館鈔本、羅正鈞鈔本皆作「倒了語」。
〔註32〕王夫之：《四書箋解，卷三，上論，八佾第三，夏禮章》，《船山全書》第六冊，頁175。
〔註33〕王夫之：《四書箋解，卷三，上論，為政第二，溫故章》，《船山全書》第六冊，頁170。
〔註34〕王夫之：《四書箋解，卷四，下論，衛靈公第十五，君子求諸己章》，《船山全

對於〈堯曰篇・堯曰章〉，船山亦有同樣的看法。

> 此章〔註35〕重在末節，即堯、舜亦以「寬」、「信」、「敏」、「公」而
> 「執中」，若湯、武無非以此四德而君天下。凡書即多在煞尾處見意，
> 俗講只要開門見山，所以不通。〔註36〕

船山以爲聖賢修身立教，是在「允執」上用功，以「寬」、「信」、「敏」、「公」
四德宅心而出治天下。若俗講、時文之以一字「中」爲血脈，則於聖道爽失。

船山說：「詩文俱有主賓。無主之賓，謂之烏合。……立一主以待賓，賓
無非主之賓者，乃俱有情而相浹洽。」〔註37〕《論語》中亦有以此章法來達
成相襯烘托之作用者，如〈公冶長篇・子謂子賤章〉：「子謂子賤，『君子哉若
人，魯無君子者，斯焉取斯？』」船山以爲此章：

> 章意倒重下段。既贊其爲君子，復歸功於魯多君子者，以示人欲爲
> 君子，必資輔仁之友，以自遠於流俗也。〔註38〕

子賤能尊賢取友，以自成其德，故孔子贊其爲君子，然君子與所尊所友者同
方合志，是以亦見魯地君子之規模氣象。讀此章若但以爲孔子只是贊美子賤，
而以首句爲主旨，則不得其烘托章法之義。曉明章法，則文義自能辨明，於
文句相類，而文意實相殊異之篇章，自不會有混爲一談之誤。

古人云：「文無定法，文成法立。定體則無，大體則有。」若一味死守結構，
反失靈動，而入於迷津，此又是船山所不取法者。像他對〈益者三友章〉、〈益
者三樂章〉、〈君子有三畏章〉，在詮釋時則依章法，而在方法上有靈動地運用：

> 此二章（〈益者三友章〉、〈益者三樂章〉）與「三畏」章文義不同。
> 〔註39〕此二章重下截「直」、「諒」、「多聞」、「樂節禮樂」等。「損」

　　書》第六冊，頁250。

〔註35〕堯曰：「咨！爾舜！天之曆數在躬。允執其中。四海困窮，天祿永終。」舜亦
　　以命禹。曰：「予小子履，敢用玄牡，敢昭告於皇皇后帝：有罪不敢赦。帝臣
　　不蔽，簡在帝心。朕躬有罪，無以萬方；萬方有罪，罪在朕躬。」周有大賚，
　　善人是富。「雖有周親，不如仁人。百姓有過，在予一人。」謹權量，審法度，
　　修廢官，四方之政行焉。興滅國，繼絕世，舉逸民，天下歸心焉。所重：民、
　　食、喪、祭。寬則得眾，信則民任焉，敏則有功，公則說。

〔註36〕王夫之：《四書箋解，卷四，下論，堯曰第二十，堯曰章》，《船山全書》第六
　　冊，頁267。

〔註37〕王夫之：《薑齋詩話，夕堂永日緒論內編》，《船山全書》第十五冊，頁821。

〔註38〕王夫之：《四書箋解，卷三，上論，公冶長第五，子謂子賤章》，《船山全書》
　　第六冊，頁186。

〔註39〕〈益者三友章〉：子曰：「益者三友，損者三友。友直，友諒，友多聞，益矣。

者非無所友，非無所樂，而擇人不審，擇術不正。「三畏」章重上截
「畏」字，小人直無所畏也。「益者」、「損者」，言求益者，招損者。
「益矣」、「損矣」，乃言其效與害。〔註40〕

有的篇章文意偏重下文，有的篇章則是偏重上文，拘無定式，端賴深究而能
活用。

（二）立言之旨在篇首者

〈季氏篇・君子有三畏章〉船山以為重上截「畏」字，所持之理為：

能「畏」者方是君子，「不畏」者定為小人。「不知天命」者，他直
不曉得有個甚麼天命，「不畏」乃逆天狂為。若「大人」、「聖言」，
小人也知是「大人」、「聖言」，特自肆而「不畏」耳。時文以「知」
字貫下，乃至於上節「大人」、「聖言」添個知字，不通。〔註41〕

「畏」字是綱領，統御引領下文，故領會時當以之為重。對於〈八佾篇・君
子無所爭章〉：「子曰：『君子無所爭，必也射乎！揖讓而升，下而飲，其爭也
君子。』」船山說：

此章首句是正意，須打住透講。下四句乃抽出一件事辨駁，以回互
首句，極言其異於小人之爭耳。〔註42〕

本章在章法上，先議後敘，以事例佐證事理，故主旨亦在首句。

主旨在篇首者，先立一理，而再敷陳其事，是為演繹法；主旨在篇末者，
先援引事例，而後突顯其理，是為歸納法。但亦有通章一氣，無所倚偏，不
可強以析解，而分其層次者。

（三）通章一氣者

〈泰伯篇・大哉堯之為君章〉，孔子言贊堯帝：「巍巍乎！唯天為大，唯

友便辟，友善柔，友便佞，損矣。」〈益者三樂章〉：子曰：「益者三樂，損
者三樂。樂節禮樂，樂道人之善，樂多賢友，益矣。樂驕樂，樂佚遊，樂宴
樂，損矣。」〈君子有三畏章〉：孔子曰：「君子有三畏：畏天命，畏大人，畏
聖人之言。」

〔註40〕 王夫之：《四書箋解，卷四，下論，季氏第十六，益者二章》，《船山全書》第
六冊，頁255。
〔註41〕 王夫之：《四書箋解，卷四，下論，季氏第十六，三畏章》，《船山全書》第六
冊，頁257。
〔註42〕 王夫之：《四書箋解，卷三，上論，八佾第三，君子無所爭章》，《船山全書》
第六冊，頁173～174。

堯則之。」船山於此穩立「天」之實義，乃言天命資始萬物，使之各正性命。
以此讚揚堯親和九族，平章百姓，於變黎民的為君之道，如自然之於物，無
所不備。故船山說：

> 通章一氣，止講究一「大」字，不可強分層次轉折。〔註43〕

若強分層次，則「天」流於高懸而空洞無涯者，此非儒學之正統。針對〈述
而篇・志於道章〉中「志道」、「據德」、「依仁」、「游藝」四者，船山也以為：

> 不可偏重上四字，亦不可偏重下四字。〔註44〕

> 若偏重上四字，雖可云德必須據，仁必須依，卻不可云道必須志，
> 尤不可云藝必須游。若重下四字，可云「志於道」志乃正，「據於德」
> 所據乃有本，卻不可云依於仁，未仁者此心直無所依；尤不可云游
> 必於藝，惟藝乃可謂之游也。〔註45〕

於此亦是講求通章一氣，不可挑別。四者在工夫上，雖未嘗沒有深淺之分際，
「志道」雖是「德」、「仁」之基，但其餘三者，則更無先後之序，「游於藝」，
固無須待「依於仁」之後，而「據於德」後，豈可言不必再「志於道」。所以
船山又說：

> 道既無窮，志亦須持，雖已依仁，仍不懈此志。四段只平平說個大
> 成之學，勿立次序。一立次序，便不是聖人教學者全備工夫。〔註46〕

讀書能規其大，方有利於「倫物」、「政教」，將書中一節、一目、一字、一句，
皆收攝之於身心，是為全備工夫。朱熹註〈里仁篇・我未見好仁者章〉中之
「我未見力不足者。蓋有之矣，我未之見也。」三句，曰：「蓋人之氣質不同，
故疑亦容或有此昏弱之甚，欲進而不能者，但我偶未之見耳。」朱熹以為真
有愚鈍而欲進，卻不能用力於仁者，船山以為孔子於此只是揀一段入手工夫
說，而不可以在資稟上分，蓋用力於仁，則人各有力，何故而不能用力於仁？
他說：

> 「我未見力不足者」以下三句文字，如水行地，曲折皆順。乃《集
> 註》阻其順下之勢，強為分折，將兩箇「未見」作一例解。不知夫

〔註43〕 王夫之：《四書箋解，卷三，上論，泰伯第八，大哉章》，《船山全書》第六冊，
頁209。

〔註44〕 王夫之：《四書箋解，卷三，上論，述而第七，志於道章》，《船山全書》第六
冊，頁197。

〔註45〕 同前註。

〔註46〕 同前註。

子要見者用力不足底人何用？若果有之，固聖人之所深爲矜閔，如瞽之廢視，凶服者之廢禮然，曾願見之，而以未見爲歎哉？〔註47〕

朱註強爲分折，未能前後融貫文意，不及夫之之精闢，而未能得聖人教學者全備工夫。有不可強爲分折者，亦有當於合處要得其分支立柱者，在〈季氏篇·季氏將伐顓臾章〉中，船山說：

「丘也聞有國有家者」以下，〔註48〕意分兩支，但聖人說成一片耳。話到聖人口裏，便怎融液曲折，不消分支作柱，而理意交盡！孟子即不能然，而況其他！故辭至聖人而始達，緣其胸中共一大鑪冶，隨傾鑄而成象。然學者讀此，正當於合處得分，而後可以知聖筆化工之妙。〔註49〕

孔子於此段，以不患貧、寡，而修文德以來遠人爲「主」；以均無離析、安無分崩爲「賓」。因季氏將伐顓臾以啓戰端，故孔子就事而論以遏止其欲；以爲季氏之攘奪必自召禍，而有禍在蕭牆之憂，不可亟免。以理言，以事言，合處得分，我們在義蘊的掌握時要能加以分辨。

船山雖講求以章法來豁顯《論語》的本義，但他對時文的塡砌濃詞，鉤鎖之法，四六之比，卻是極爲厭惡。他說：

一篇載一意，一意則自一氣，首尾順成，謂之成章；詩賦、雜文、經義有合轍者，此也。以此鑒古今人文字，醇疵自見。有《皎然詩式》而後無詩，有《八大家文鈔》而後無文。立此法者，自謂善誘童蒙，不知引童蒙入荊棘，正在於此。〔註50〕

我們閱讀經典，藉以膏潤吾心，去其俗陋，但讀古人文字，貴在能以吾心滲入古文之中，方可得其精髓，若僅是以古文橫塡胸臆，亟求能有所得而以爲能言，反落入道聽而塗說者。在《讀四書大全說》，〈衛靈公篇·知及之章〉〔註51〕中，船山就此有精闢之論見：

〔註47〕 王夫之：《讀四書大全說，里仁篇》，《船山全書》第六冊，頁633。
〔註48〕 「丘也聞有國有家者，不患寡而患不均，不患貧而患不安。蓋均無貧，和無寡，安無傾。夫如是，故遠人不服，則修文德以來之。既來之，則安之。今由與求也，相夫子，遠人不服而不能來也；邦分崩離析而不能守也。而謀干戈於邦內。吾恐季孫之憂，不在顓臾，而在蕭牆之內也。」
〔註49〕 王夫之：《讀四書大全說，季氏篇》，《船山全書》第六冊，頁841。
〔註50〕 王夫之：《薑齋詩話，夕堂永日緒論外編》，《船山全書》第十五冊，頁847～848。
〔註51〕 〈衛靈公篇·知及之章〉：子曰：「知及之，仁不能守之；雖得之，必失之。

凡聖賢文字若此類者，須以學問實爲體驗，則聖意自見，不可泥文
句而執爲次序。語言之次第，自不容不如此迤逦說來，其實卻是始
終一致。如天道循環無端，而言四時者，不得不以春爲始，非春前
之一日不爲成春之日也。要此一章，原以反覆推求，而從成功之中，
揀序其醇疵之大小，以爲立言之次，而聖教之方，自在言外。……
學者須別自體驗。事雖有漸而規模必宏，安得於文句求線路，以惘
然於所從入哉！〔註52〕

船山在這裡所說「以學問實爲體驗，則聖意自見」者，強調是「驗之以體」
或「以體驗之」的詮釋活動，是講求知與行的統合，關涉及「詮釋活動」和
「實踐活動」兩端，一方面是詮釋者參贊道的歷程，一方面也是道豁顯於詮
釋者歷程。在兩相往復的過程中，意義藉由流動而增長，進而達到整體的圓
融性。〔註53〕

三、經由「誦讀」掌握文意

「三分文章七分讀」，學好古文的關鍵是要多誦讀，要能讀出文章的節奏
和氣勢。特別是像《論語》這樣雖簡短，但嚴密而富文采的文章，誦讀顯得
尤爲重要。讀書貴熟，熟讀書自能切實分析語言材料，熟悉句法，透徹篇章
結構，進而掌握文意。船山就指出：「程子與學者說《詩經》，止添數字，就
本文吟詠再三，而精義自見。」〔註54〕

「誦讀」是以聲音朗現文章的情意，但並不只是單純地宣唸，而是以一
種更具音樂性的聲音，用情感處理文章的方式。誦讀強調的是語感的重要作
用，對文章有所感悟，是得之於語感，而不是語法。再三地誦讀、吟詠，產
生因由口語的積累而內化爲心性的感悟，最後達到情感薰陶和遷善的作用。

太快了，聽不入心；太慢了，聊不成句。誦讀在節奏上，要能有正確地
講求，才不至害義；在句讀上，要能正確地分句斷章，才不至悖理，無論是
教學者或是學習者，這都是要切實掌握的原則。船山遯隱山陬，以經書督課
授徒，於此自是十分講求。他在箋解〈衛靈公篇・不逆詐章〉：「子曰：『不逆

知及之，仁能守之。不莊以涖之，則民不敬。知及之，仁能守之，莊以涖之。
動之不以禮，未善也。」

〔註52〕 王夫之：《讀四書大全說，衛靈公篇》，《船山全書》第六冊，頁836。
〔註53〕 參見第一章緒論，〔註6〕。
〔註54〕 王夫之：《薑齋詩話，夕堂永日緒論外編》，《船山全書》第十五冊，頁843。

詐，不億不信。抑亦先覺者，是賢乎！』」時說道：

> 「不」字至「者」十二字，一氣讀。言不待「逆」、「億」而「先覺」
> 也。蓋有以「逆」、「億」而先覺者，抑有不「逆」、「億」而不先覺
> 者，皆不得爲「賢」。〔註55〕

十二字一氣讀，方能顯君子之於物理、人情，能自著其條理，於直枉能寓目而即判，而異於曲士之愚與細人之昧。

另，在〈里仁篇・父母之年章〉：「子曰：『父母之年，不可不知也。一則以喜，一則以憂。』」亦作如是箋解：

> 四句一氣讀。「知」則知「喜」知「懼」。知喜則外物之得失不以亂
> 其歡心，知懼則依慕之切矣。〔註56〕

對於〈泰伯篇・興於詩章〉：「子曰：『興於詩，立於禮，成於樂。』」，他認爲當：

> 三句一氣渾讀。在功效上說次序，亦是功效所成之次序。若爲學，
> 則十三舞勺，早已學樂，纔入小學便習禮，非誦詩能興後方學禮，
> 以禮立身後方學樂也。〔註57〕

若分爲三小節誦讀，則易誤解爲時間之先後，學習次序之先後，則反蔽障了原意所言之功效上的次序。「興於詩」講的是感性的激發，「立於禮」講的是理性的剪裁，一個理性、感性調度合宜的心靈，方能是個在德性上能臻於和諧之境的君子。音樂最具和諧性，也最強調和諧，是以說「成於樂」，固可知，不可以學習次序及時間先後詮解之。在《論語》中有許多類似此章的排比、類疊句型，船山亦常以如是節奏來誦讀，好掌握意蘊。如〈述而篇・志於道章〉：「子曰：『志於道，據於德，依於仁，游於藝。』」船山箋解之說：

> 每句三字，一氣讀，不可偏重上四字，亦不可偏重下四字。〔註58〕

船山亦常以誦讀之得當與否，來判斷詮解之正謬，並以此比較朱註與其他註家的優劣。如〈泰伯篇・學如不及章〉：「子曰：『學如不及，猶恐失之。』」

〔註55〕王夫之：《四書箋解，卷四，下論，憲問第十四，不逆詐章》，《船山全書》第六冊，頁243。

〔註56〕王夫之：《四書箋解，卷三，上論，里仁第四，父母之年章》，《船山全書》第六冊，頁185。

〔註57〕王夫之：《四書箋解，卷三，上論，泰伯第八，興於詩章》，《船山全書》第六冊，頁207。

〔註58〕王夫之：《四書箋解，卷三，上論，述而第七，志於道章》，《船山全書》第六冊，頁197。

朱熹如是詮譯：「言人之爲學，既如有所不及矣，而其心猶竦然，惟恐其或失之，警學者當如是也。」眾人常以作兩層解，以爲孔子在此講人爲學當「知新」，亦要「溫故」。船山細究本文以及朱註，則以爲不當如是：

> 玩《註》，一句讀下。雖「如不及」，且「猶恐失之」，若稍緩則必失矣。「失」者，不得也，非已得而復失之謂。俗解作兩層，分未得已得言，非是。〔註 59〕

他以爲「惟恐其或失之」句中之「其」字，當是指「既如有所不及矣」句中所言之「有所不及」，若分其爲「未得」、「已得」兩層，則是未審，故以朱註爲精當。

在《讀四書大全說》中針對〈子張篇・博學篤志章〉：「子夏曰：『博學而篤志，切問而近思，仁在其中矣。』」亦持之以較量朱註以及《四書大全》其他註家。《集註》：「四者皆學問思辨之事耳，未及乎力行而爲仁也。然從事於此，則心不外馳，而所存自熟，故曰仁在其中矣。」船山說：

> 《集註》「則心不外馳而所存自熟」，是兩截語，勉齋、潛室俱作一句讀下，其誤不小。《集註》喫緊在一「所」字。所存者，固有所存也，與元稿云「事皆有益」，意亦無殊。特以言「事」不如言「所存」之該乎事理，言「有益」不如言「熟」之有得者深耳。圈外註載二程夫子之言，前一條是「心不外馳」之意；第二條是「所存自熟」之旨，只此極分明。勉齋、潛室似說「心不外馳」則「存之自熟」，毫釐之差，千里之謬矣。〔註 60〕

蓋子夏強調在學、問、思、志之中存其理，所存者，即存仁，存仁之顯諸事理者。而切不可以此四事爲敲門磚子，做爲收攝身心之大法，淪以爲釋教之異端。船山以爲子夏此語，極是平實樸滿，見得仁處，能體用俱彰，故不應於此舍下而別求上。

但船山也提醒我們：

> 經義之設，本以揚搉大義，剔發微言；或且推廣事理，以宣昭實用。小題無當於此數者，斯不足以傳世。〔註 61〕

〔註 59〕王夫之：《四書箋解，卷三，上論，泰伯第八，學如章》，《船山全書》第六冊，頁 208。

〔註 60〕王夫之：《讀四書大全說，子張篇》，《船山全書》第六冊，頁 882。

〔註 61〕王夫之：《薑齋詩話，夕堂永日緒論外編》，《船山全書》第十五冊，頁 867。

若只視其爲作文上尺幅剪裁之式，「其有截頭縮腳，以善巧脫卸吸引爲工，要亦就文句上求語氣，於理固無多也。」〔註 62〕至此經典之義理亦復索然，故不得不辨、不得不愼。

第三節　字形的考正

　　中國文字因具有形式與意義聯結上的直截特性，造成其詮釋上的特點，這是以拼音文字爲主的西方世界，在詮釋學方法論上所沒有的。透過正確的考形方法，對於本文「原義」的理解，在小學家來說，是可以達成的途徑。

　　漢代隸書通行，中國文字發展至此有了很大的變革。秦篆在字形上，與先秦古文字仍有相當的關聯，但漢隸則重新安排了文字的結構和體勢，也爲後世沿用的楷書奠定基礎。至此，後人不易在字形上推斷原意，更因字形之遷變或是假借、轉注之故，原意益晦，以至有難讀，甚或誤解之情形。故「考形」成了訓古書、古字之一重要途徑。漢武帝末年，魯恭王壞孔子宅。於壁中發現秦前文字所寫成的《尙書》、《禮記》、《春秋》、《論語》、《孝經》。哀帝時，劉歆校書於秘府，又得《周禮》、《左氏傳》、《毛詩》，都是「古文」，即所謂「古文經」。古文經偏重於名物訓詁，在原始經義的掌握上有很大的貢獻。

　　船山的《四書訓義》、《四書考異》二書特有措意於此，其中《四書考異》更是專從字形上，參照許愼《說文解字》中所引古文九經，在字義上考其異同，求明《四書》經義。歸納其途徑約略有二：一爲從古今字形遷變考釋之以究其本義，二爲就本字假借字辨正之以究其本義。各舉數例，分述如下：

一、考釋古今字形遷變究其本義

1. 〈學而篇・禮之用章〉：「小大由之」句中之「由」字，船山異之爲「甹」，「『甹』字本如此，省弓不成字。」〔註 63〕

2. 〈爲政篇・志於學章〉：「不踰矩」句中之「矩」字，「矩當作巨，或作榘，《攷工記》作萭。古無矩字。」〔註 64〕

〔註62〕王夫之：《薑齋詩話，夕堂永日緒論外編》，《船山全書》第十五冊，頁 867。

〔註63〕王夫之：《四書考異》，《船山全書》第六冊，頁 91。

〔註64〕同前註。

案：《說文》：「巨，規巨也，从工象手持之。」「榘，巨或从木矢，矢者
　　其中正也。」

3. 〈述而篇・飯疏食章〉：「飲水」句中的「飲」字，「飲當作歓。古無飲
　　字。」

4. 〈鄉黨篇・朝與下大夫言章〉：「與與如也」句中之「與」字，「與當作
　　懇，趣步懇懇也。」〔註65〕

案：段玉裁註曰：「趣步懇懇，謂疾而舒也。」此正吻合侍與君側之情狀。

5. 〈子路篇・何如斯可謂之士章〉：「斗筲之人」句中之「筲」字，「筲當
　　作箱，古無筲字。」〔註66〕

案：《說文》：「陳留謂飯帚曰箱，从竹捎聲，一口飯器容五升。」

二、辨正本字假借字究其本義

1. 〈八佾篇・季氏旅於泰山章〉：「嗚呼」一句中之「嗚」字，「嗚當作烏，
　　或作於。從口，不成字。」〔註67〕

2. 〈雍也篇，子華使於齊章〉：「與之釜」句中之「釜」字，「釜當作鬴。
　　從父、從金，既不成義，亦難下筆。省父從八，益不成字。」〔註68〕

案：《說文》：「鬴，鍑屬也，从鬲甫聲。釜，鬴或从金父聲。」段註曰：
　　「今經典多作釜，惟《周禮》作鬴。」

3. 〈雍也篇・子華使於齊章〉：「與之庾」句中之「庾」字，「庾當作斞。
　　庾，倉之無屋者也。」〔註69〕

案：《說文》：「斞，量也，从斗臾聲，《周禮》曰：『桼三斞』。」

4. 〈八佾篇・周監於二代章〉：「郁郁乎文哉」句中之「郁」字，「郁當作
　　戫。古無郁字；從邑，從卩，俱所不安。」〔註70〕

案：《說文》：「戫，有彣彰也，从有彧聲。」段註：「戫，古多假借彧字。……
　　今本《論語》郁郁乎文哉，古多作彧彧。」

5. 〈鄉黨篇・食不厭精章〉：「沽酒市脯」句中之「沽」字，「沽當作酤。沽，

〔註65〕 王夫之：《四書考異》，《船山全書》第六冊，頁94。

〔註66〕 同前註。

〔註67〕 王夫之：《四書考異》，《船山全書》第六冊，頁94。

〔註68〕 王夫之：《四書考異》，《船山全書》第六冊，頁92。

〔註69〕 王夫之：《四書考異》，《船山全書》第六冊，頁92。

〔註70〕 同前註。

水名，在漁陽，今直沽河。『沽之哉』亦當借用酤字，賣也。」〔註71〕

第四節　字音的考正

在人類的理解和詮釋過程中，語言〔註72〕較之有形文字具有一絕對的優位性，因爲語言才是意義之源，文字符號只是因而派生的一種交流方式。文字所記錄的語言，呈示著言說者臨場的此在特性，故理解了語言即能掌「原意」。聲韻學依循的就是此一理解進路。

因爲佛教東傳的間接影響，語音的問題，在繙譯梵文經書時漸凸顯而出，對以往只知其然的聲韻問題，進而究其所以然。一些小學家，陸續提出「聲象乎意」以及「象意制音」的研究成果來。到了清代，聲韻的研究更是蓬勃，在訓詁學上具有一定權威性的王念孫父子，亦有代表性的主張。王念孫在〈廣雅疏證自序〉一文中說：「竊以訓詁之旨本於音聲，故有音同字異，聲近義同；雖或類聚群分，實亦同條共貫，……今就古音以求古義，引申觸類，不限形體。」王引之在〈春秋名字解詁敘〉中也主張：「夫訓詁之要，在音聲不在文字，聲之相同相近者，義每不甚相遠。」〔註73〕

船山處在學思風潮的鋒頭，明末清初，在學術轉趨實學方向時，對於文字的音訓也很重視，身爲清初三先生之一的他，言其爲領導風潮，當非溢美。

> 沈佺期時曰：「不如黃雀語，能雪冶長猜。」妖妄之傳，自唐已然
> 矣。……公冶本複氏，長其字也，讀如掌，而佺期以冶長連稱，又
> 以平聲呼長作萇，疏謬如此，無惑乎其樂道俗劣之談也。〔註74〕

船山批評沈佺期於音讀未審，名姓不分，而又據野史稗官之說以穿鑿附會，故於詩句俗陋，而亦猥鄙於古人也。音讀不能審然，則於文義至易流於誤謬。

於〈鄉黨篇〉：「色斯舉矣，翔而後集。曰：『山梁雌雉，時哉！時哉！』子路共之，三嗅而作。」一章，《集註》引邢昺、晁公武、劉勉之三人之見參互發明文義。針對「三嗅而作」一句，邢昺以爲是「孔子不食，三嗅其氣而起」；晁公武則以「嗅」作「戛」，謂是雉鳴；而劉勉之考其字當作「狊」，鳥

〔註71〕 王夫之：《四書考異》，《船山全書》第六冊，頁94。

〔註72〕 「語言」一詞在廣義上是該兼二義的：一是傳以音聲的話語，一是形諸筆墨的文字符號。在此用的是第一義。

〔註73〕 王引之：《經義述聞，卷二十三》（臺北：廣文書局，1963年），頁577。

〔註74〕 王夫之：四書稗疏，論語上篇，公冶長章》，《船山全書》第六冊，頁29。

張兩翅也。朱熹以爲上下必有闕文，於後二說持存疑之態度，認爲不可強爲之說，他在結語說：「姑記其聞，以俟知者。」而船山在《四書稗疏》中，就提出了一己的看法，他說：

> 古無嗅字。音許救切者，從鼻從臭，鼻吸氣也，施於雌雄之作，固必不可。按此「三嗅」當作「臭」，音古闌切。臭從目從犬。犬之瞻視，頭伏而左右顧，鳥之驚視也亦然。故郭璞謂張兩翅臭臭然，謂左右屢顧而張翅欲飛也。若謂張翅爲臭，則鳥之將飛，一張翅而即翀舉，奚待三哉！〔註75〕

在音讀和字義上予以把握之後，船山破除了朱熹之疑，也能對劉勉之的詮釋予以矯正。

又，船山對〈里仁篇・富與貴是人之所欲章〉中之「君子去仁，惡乎成名？」句中的「去」字，在箋解中指摘塾師，因音訓上的錯誤，而導致原義之謬解。他說：

> 「去」字止如字讀，與下「違」字意同，俗塾師圈破作上聲者不通。若是有意滅絕乎仁，則除是桀、紂，豈但不能成君子之名！言「成名」者，以處富貴意在得志有爲，立功見德，方可成君子之名。不知君子止以存心之仁異於人，若與仁相差不相合，則無其實而何以稱其名哉？「去」如相去幾里之去，未到之謂也。〔註76〕

君子所以爲君子者，志於仁，而依於仁，仁爲此心之存焉者。若因境而情遷，因情而易性，則於本心相背而迷，而去仁遠矣。故孔子砥礪君子：「無終食之間違仁，造次必於是，顛沛必於是。」要念念相續，行行相護，弗忘心之所志。故「去」作上聲讀，詮解爲「捨棄」、「滅絕」，則眞去夫子本意遠矣。

第五節　字義的考正

文字的意義會隨著時間增長，增加了我們欲了解原義的困難度，而亦由於「時間間距」，〔註77〕阻隔了話語與文本、作者與文本之間的聯繫，使得理解成

〔註75〕王夫之：《四書稗疏，論語上篇，三嗅而作章》，《船山全書》第六冊，頁 38～39。

〔註76〕王夫之：《四書箋解，卷三，上論，里仁第四，富與貴章》，《船山全書》第六冊，頁 179～180。

〔註77〕時間間距（Zeitenabstand）是指由於時間之間距化作用，而造成文本、作者與

爲一個艱難的事。我們面對文本，只能依文本自身所展示的「意欲語境」來理解。在如是不確定的「意欲語境」中，詮釋者在理解上，運用最爲廣泛的即是「詮釋循環」法則。在漢字的文本中，因爲沒有標點，圈注斷句成了訓詁學最基本的訓練，而詮譯者面對具如是特性的文本，「循環」成爲理解過程中不可或缺的一環。更由於六書中「假借」的廣爲使用，字義在引申之後，多歧義，若不通過「詮釋循環」法則，則無法在整體上把握正確的意義。

因此在長期理解文本的詮釋實踐活動中，中國的傳統詮釋者，因漢字的表達方式，而養成了思維上的循環詮釋特徵。中國的訓詁學雖特重著意於對文本絕對的、唯一的「原義」追求，但在實際操作中，則對意義增生所作的分析，也有很深刻地體認。像船山在《薑齋詩話，夕堂永日緒論外編》中，就有如是體會，他說：

> 古者字極簡。秦程邈作隸書，尚止三千字。許慎《說文》，亦不逮今之十二三。字簡則取義自廣，統此一字，隨所用而別；熟繹上下文，涵泳以求其立言之指，則差別畢見矣。如均一「心」字，有以虛靈知覺而言者，「心之官則思」之類是也；有以所存之志而言者，「先正其心」是也；有以所發之意而言者，「從心所欲」是也；有以函仁義爲體，爲人所獨有，異於禽獸而言者，「求放心」及「操則存，舍則亡」者是也；有統性情而言者，四端之心是也；有性爲實體，心爲虛用，與性分言者，「盡心知性」與張子所云「性不知簡其心」是也。凡言「天」言「道」皆然，隨所指而立義。彼此相襲，則言之成章，而必淫於異端；言之無據而不成章，則浮辭充幅，而不知其所謂。《大全》小註諸家雜亂於前，講章之毒盈天下，而否塞晦蒙，更無分曉。不能解書，何從下筆？宜乎爲君子儒者之賤之也。〔註78〕

讀者之間不斷地疏遠，因而造成意義的流失。而詮釋學的任務，就是要跨越和克服時間間距，以找回原意。而高達美指出時間間距有它積極的作用，他以爲文本意義實質上是通過我們理解過程所呈現的，理解不只是複製的過程，而是意義生產的過程。參見 Hans-Georg Gadamer：〈PartⅡ：Ⅱ,Ⅰ,（B）Prejudices as conditions of understanding （ⅲ） The hermeneutic significance of temporal distance〉，《Truth and Method》（New York：The Continuum Publishing Company，1993）頁 291～300。潘德榮：《詮釋學導論》（臺北：五南圖書出版公司，1999 年初版）。

〔註78〕 王夫之：《薑齋詩話，夕堂永日緒論外編》，《船山全書》第十五冊，頁 856～

　　「字簡則取義自廣」是對字義增生特性的理解，而據此理解，則在理解的態度上就必須要能「統此一字，隨所用而別」、「隨所指而立義」，而在方法上則要「熟繹上下文，涵泳以求其立言之指，則差別畢見矣。」在針對〈子張篇〉：「子夏曰：『仕而優則學，學而優則仕。』」一章所作的箋解中，船山也提醒我們：

> 書有詞同意異者，古人文字往往如此。拘辭失意，則於理不合，但以理求之，則詞意皆順。〔註79〕

　　拘辭則易至失意，失意則於文理不合，而不得意於聖心。惟有以上下文理推敲、尋繹之，使其能相容相攝，至此方能詞意皆得而順洽。於此章，船山就針對二「優」字、二「則」字作出分析：

> 此章二「優」字不同，二「則」字亦異。《註》云：「有餘力者」，「仕優」之優也，若學，則安得有餘力？「學優」之優，足也，謂足以仕之。「則學」則字急，謂即當學也。學是終身不舍事，唯仕或妨學，有暇則汲汲務學。「則仕」則字緩，言學優則可仕，未優則不可也。二句皆重「學」。以理求之，活看二句，文義自通，勿拘文板對。如此類者，可例推之。〔註80〕

　　「學」乃終身之志業，不可或忘，不可或失，亦不可言足，此正是孔子此所以自勉者，此亦儒教所期於有志君子者，而爲求之於己者。至若「仕」則爲經世濟民之事業，君子讀書所志之大者，然其或有待於時，有不知於人者，是爲求之於人者。基此，故船山言此二「優」字不同義，而「則」字有急緩之分。在詮釋上亦應用了「詮釋循環」的法則。

　　船山雖重視小學，但以他博采精抉的態度，亦不至泥於此，而陷於彼，是以在爲學方法上，是能漢、宋兼採。他就此有如是地呼籲和澄清：

> 看《章句集註》，須理會先儒云何而作此語；非可一抹竄入訓詁中，暝煙繚繞，正使雲山莫辨。如「子在川上」註川流「與道爲體」，恐學者將川流與道判作二事，以水爲借譬，劃斷天人，失太極渾淪之本體，故下此語，初非爲逝者不舍晝夜作註。讀者但識得此意，則

857。
〔註79〕王夫之：《四書箋解，卷四，下論，子張第十九，仕而優章》，《船山全書》第六冊，頁264。
〔註80〕同前註。

言水即以言道，自合程子之意，不可于夫子意中增此四字，反使本
旨不得暢白。〔註81〕

〔註81〕王夫之：《薑齋詩話，夕堂永日緒論外編》，《船山全書》第十五冊，頁 864。

第五章 作爲批判重建者之詮釋活動

　　歷代儒者以經典的詮釋活動作爲手段，或是武器，藉以駁斥佛老、攻諸異端者不乏其人。身爲一個詮釋者，船山在現實取向上，至爲強烈，詮釋是淑世、經世和濟世心志之所寄託。在船山的經典詮釋中，「事實判斷」和「價值判斷」是相緒合而通貫一體的。船山批駁佛老，所惡者佛老之以虛爲教，毀棄人倫日常之教；佛老之立體而廢用，離行以爲知。但此一批駁，並非以佛老思想本身的批判，作爲唯一的目的，而是將思想與歷史、社會結合的意識型態批判，藉以矯正理學末流歧入於主體境界修養講求，而疏略於道德實踐之偏失。

　　理學的興起，是儒、釋、道三教長期論爭，所造成的融合，間接促成的。早在魏晉，玄學的盛行，已經將三教的思想進行了一次融合。唐代時，儒、釋、道三教，在獨立發展中，又一次經由論爭而融合。在三教的論爭和發展中，儒教日益明顯地感受到來自佛老的壓力。理學即是儒學在回應佛老挑戰時，積極援佛入儒與援老入儒的成果。宋代諸儒畢生治學，都曾「出入佛老」。宋明理學在思惟模式上深受佛教之影響，在和佛教相抗衡的過程中，理學家融攝吸收了佛教的理論和思想，並加以改造，使之和儒家的綱常名教相結合，從而建立自己的心性論和本體論的系統。因此，特別是在心性論這個問題上，理學和佛教有著密切的關係。宋明理學又被稱爲「新儒學」，所謂「新」，從理論的角度說，也正是在於把傳統儒學的人性、心性本體化。

　　理學家建構宇宙論，是轉化自道家宇宙論，吸收道家哲學與中國自然哲學，在太極、陰陽、五行、氣化世界觀、天人感應等宇宙論知識命題上適度地擷取，使之成爲儒學世界觀的描述系統。無論是《易傳》、董仲舒的天人感

應說、宋儒的宇宙論都是如此。周濂溪《太極圖說》的宇宙論即是此義，張載「氣化世界觀」中的莊學色彩鮮明亦是此故。

宋儒雖出入佛老，但是在立場上，仍堅持現世人倫的價值意識，堅持修齊治平爲君子之應所當爲，有識之士在出入佛老後，都有番憬悟知非的警覺，認爲入禪爲逃禪，入道爲遁世，經過「出入佛老，返諸六經」的歷程，便又翻身入世，歸於儒家思想，以修身、齊家、治國、平天下爲己任。朱熹就曾說：「熹天資魯鈍，自幼記問語不能及人，以先君子之餘誨，頗知有意於爲己之學，而未得其處，蓋出入於釋老者十餘年，近歲以來，獲親有道，始知所向之大方。」〔註1〕

理學之弊，弊在玄虛失實，弊在至末流偏枯於虛奧空談，疏略於經世致用。明末清初的實學思潮，就是在如是歷史條件下，所催化的反動價值取向和思維方法。明清實學在本質上便是以「經世致用」爲本質，而以「崇實黜虛」、「由虛返實」爲其特徵。治學在內涵和領域上大爲拓展，如側重訓詁考據，講求修養踐履，並開始研究自然科技。

中國思想史上，明末清初是一個極爲重要的學術轉型期。許多的研究，主要著意於學術重心的轉移，以及問學方法的革新，但若只是將實學思潮解釋爲對空言心性之玄談的反動，或者儒家智識主義的興起，〔註2〕則勢必忽略以其作爲政治運動的另一面向。反理學，就儒學而言，在外在進路上是對釋老的批駁，在內在理路上則是對王學末流空談心性的矯正，兩者無論是動機或是目的，都是兩相綰合在救亡圖存的政治目的上。船山之於釋老，之於理學末流之批駁亦措意乎此。

第一節　論佛老之悖於正學者

清初三先生中，以船山之理學趣味最高，哲學造詣最深，他以一己之身心歷程去體證先儒經典，以智慧梳理經義，力闢佛老，把流於空談之理學，拉回到社會實踐層面上。船山批判佛老之言辭，在著作中隨處可見，尤其是在《周易外傳》、《尚書引義》、《讀四書大全說》三書中，更是語氣強烈。今

〔註1〕 朱熹：〈答江元適書〉，《朱子文集》（臺北：德富文教基金會，2000 年），頁1585。

〔註2〕 參見余英時先生：〈清代思想史的一個新解釋〉，《歷史與思想》（臺北：聯經出版社，1976 年初版），頁121。

以《讀四書大全說》中《論語》爲範疇，從幾個面向，一探船山爲維護儒學正統，而針對佛老所作之批判詮釋活動。

一、批判佛老之立體而廢用

船山之人生哲學主張「依人而建極」，〔註3〕「由用以得體」，〔註4〕實質在於「設人位而貞天地之生」，此與佛老之固命自私，滅性而遠害，形成強烈的對比。

船山說：「佛老之初，皆立體而廢用。用既廢，則體亦無實。故其既也，體不立而一因乎用。」〔註5〕船山之「體」爲萬物之本性，「用」爲立德、立教、立功、立名，以成就理想人格之德業。又說：「故善言道者，由用以得體，不善言道者，妄立一體而消用以從之。」〔註6〕對於佛老之立體以廢用，船山在批判之餘，進而創生而爲其「體用胥有」的哲學觀。

> 極論此章（〈爲政篇·爲政以德章〉），亦不過《大學》「以脩身爲本」
> 之意，孟子至誠動物之旨，而特惟上下理氣感通之機，以顯其象於
> 天，見爲理之不可易者而已。若更於德之上加一「無爲」以爲化本，
> 則已淫入於老氏「無爲自正」之旨。抑於北辰立一不動之義，既於
> 天象不合，且陷於老氏「輕爲重君，靜爲躁根」之說。毫釐千里，
> 其可謬與？〔註7〕

在位者以篤恭爲德，居高躬行，自能移風易俗，理之相共爲經緯，氣之相與而鼓盪，天下之人風行草偃。篤恭之德不自意彰顯，故孔子以「北辰」譬之，言「居其所而眾星共之」，而人易誤其同於老子之「無爲自正」。故船山特先從其譬入手，言：「天樞之於天，原無異體。天之運行，一氣俱轉，初不與樞相脫，既與同體，動則俱動。特二十八宿、三垣在廣處動，北辰在微處動，其動不可見耳。」〔註8〕人誤以爲北辰者恆居北天而寂然不動，此疏略於天文

〔註3〕 王夫之：《周易外傳，卷一，泰卦一》：「道行於乾坤之全，而其用必以人爲依，不依乎人者，人不得而用之，則耳目所窮，功效亦廢，其道可知而不必知。聖人之所以依人而建極也。」《船山全書》第一冊，頁850。
〔註4〕 王夫之：《周易外傳，卷二，大有卦》《船山全書》第一冊，頁862。
〔註5〕 王夫之：《思問錄內篇》，《船山全書》第十二冊，頁417。
〔註6〕 王夫之：《周易外傳，卷二，大有卦》《船山全書》第一冊，頁862。
〔註7〕 王夫之：《讀四書大全說》，《船山全書》第六冊，頁596～597。
〔註8〕 王夫之：《讀四書大全說》，《船山全書》第六冊，頁595。

知識和觀察所致，乃有「居其所而無所為」之謬見，而陷於老子之學問進路。故船山先正之以天象之說，進而方能知孔子之取譬實為不虛，言在位者之德，則必有施於民；必有施於民，則必有所為，此則與北辰之非高懸北天寂然不動者，同也。

船山從天之大用流行，以判儒佛大較，天之為用乃在化育流行，佛老但言虛空，是立體以廢用。針對〈泰伯篇·大哉堯之為君章〉，他又說：

> 先須識取一「天」字。豈夐絕在上，清虛曠杳，去人間遼闊之宇而別有一天哉？且如此以為大，則亦無與於人，而何以曰「大哉堯之為君也？」堯之為君，則天之為天。天之為天，非僅有空曠之體。「萬物資始」，「雲行雨施，品物流行」，「各正性命，保合太和」，此則天也。……
>
> 先儒說天如水晶相似，透亮通明，結一蓋殼子在上。以實思之，良同兒戲語。其或不然，以心德比天之主宰，則亦老子「橐籥」之說。蕩蕩兩閒，何所置其橐，而又誰為鼓其籥哉？夫子只一直說下，後人死拈「無名」作主，惹下許多疵病，而以道家之餘瀋，所謂清靜幽玄者當之。噫！亦誣矣！〔註9〕

在船山的著述中，有關「天」的命義有三：一是「天之天」、一是「人之天」、一是「物之天」。他在《尚書引義·皋陶謨》中有言：「故人之所知，人之天也；物之所知，物之天也。若夫天之為天者，肆應無極，隨時無常，人以為人之天，物以為物之天，統人物之合以敦化，各正性命而不可齊也。」〔註10〕「天之天」為自然而然，無心化成，神之所在，理之所出的天。「人之天」、「物之天」乃據天地已然之跡，有形有象而立者，所謂「春溫夏暑，秋涼冬寒，晝作夜息，賞榮刑辱，父親君尊，眾著而共由者，均乎人之天也。」〔註11〕「天之天」雖是船山終極關懷之所在，而「人之天」卻是他首出的探究對象。船山治學在方法論上，堅持「由其用知其體」為致知的不二法門，故言知道明道，必以窮究天地間萬事萬物所實著之理為基礎。此章言堯之為君之德，必在明俊德、親九族、平章百姓、協和萬邦，堯之於民豈無事哉？惟其「成功」、「文章」之可大可久者，故民無能名之。堯之為天，人之天也，自非以空曠為體，以無名作主，去人間遼闊而虛杳夐絕在上者。

〔註9〕 王夫之：《讀四書大全說》，《船山全書》第六冊，頁724～726。
〔註10〕 王夫之：《尚書引義》，《船山全書》第二冊，頁271。
〔註11〕 同前註。

　　佛老的學問進路，船山以爲其立體以廢用，離行以爲知是其大病。針對〈述而篇・默而識之章〉，他就以此較其同異，詳其優劣，並一矯陸王心學之失。朱子對「默識」二字，註曰：「謂不言而存諸心也」，後儒多有於「默」、「不默」上論深淺者，船山則指出：

> 聖學說識（志）釋氏亦說識（志），其所云「保任」者是也。達磨九年面壁，亦是知識後存識事。故「默而識之」，聖人亦然，釋氏亦然，朱子亦然，象山亦然，分別不盡在此，特其所識者不同耳。倘必以此爲別，則聖人之「誨人不倦」，抑豈必異於瞿曇之四十九年邪？
>
> 異端存箇「廓然無聖」，須於默中得力；聖人則存此各正性命、保合太和，在默不忘。釋氏說一切放下，似不言存，然要放下，卻又恐上來，常令如此放下，則亦存其所放者矣。故云「恰恰無心用，恰恰用心時」，用心以無心，豈非識哉？
>
> 夫子此三句，是虛籠語，隨處移得去，下至博弈、圖畫、吟詩、作字亦然。聖人別有塡實款項，如「入孝出弟」、「不重不威」等章是事實，此等乃是工夫。工夫可與異端同之，事實則天地懸隔矣。如舜、蹠同一鷄鳴而起，孳孳以爲，其分在利與善；而其不孳孳者，善不得爲舜之徒，利不得爲蹠之徒也。」〔註12〕

「識」對於君子是正心誠意之事，而言默識者，只是純熟其識，操存不忘。而學者不能先理會得「識」字，僅在「默」字上用功，則逆背於聖功。故船山譏評「足知象山之學，差於一『默』字著力，而與面壁九年同其幻悖。」〔註13〕

　　〈泰伯篇・曾子有疾章〉，曾子臨終告孟敬子曰：「君子所貴乎道者有三：動容貌，斯遠暴慢矣；正顏色，斯近信矣；出辭氣，斯遠鄙倍矣。」容貌、顏色、辭氣乃是喜怒哀樂之所顯，不離於身之用。曾子喫緊作人，只在此身著其力，得以微見天心。能遠暴慢、遠鄙倍、近乎信，乃天理顯仁藏用之眞。故船山說：

> 聖賢學問，縱教聖不可知，亦只是一實。舍吾耳目口體、動靜語默，而別求根本；抑踐此形形色色，而別立一至貴者，此唯釋氏爲然爾。
> 〔註14〕

〔註12〕王夫之：《讀四書大全說》，《船山全書》第六冊，頁696。
〔註13〕同前註。
〔註14〕王夫之：《讀四書大全說》，《船山全書》第六冊，頁712～713。

後儒詮釋此章，有以此三「斯」字作現成說解者，以為是動容周旋間之中禮合度，自然發顯的光輝，乃存省之效驗。船山於此挑明聖學、異端之一大界限，他說：「若但以效驗而用力不繫乎此，其不流於禪學者鮮矣。」〔註15〕

二、批判佛老之毀棄人倫物理

聖人之學乃踐形、盡性之學，非蹈空而立於無過之地。故對〈季氏篇‧君子有九思章〉中的「視思明，聽思聰」二句，船山以為乃孔子期為君子者，能警醒昏昧、策剔怠惰以盡耳目之才，是復性之語、存理之語，而非過欲之語。

> 老子曰：「五色令人目盲，五聲令人耳聾。」而不知天下之盲聾者，其害在於聲色者十之三，而害非因於聲色者十之六；其害正墮於無聲無色者十之一，則老氏是已。君子之學，則須就「有物有則」上察識擴充，教篤實光輝，盡全體以成大用，而後聖功可得而至。
> 朱子曰：「內外充持，積累成熟，便無些子滲漏。」斯則盡之矣。
> 〔註16〕

視聽須就人倫物理上察識以究其則，擴充以盡全體之大用，強調的是在人倫物理上，即體即用，能該之於動靜之間，而統之存發之時，不以坐斷一切，毀棄人倫物理為真實參究。接著他又指出：

> 聖賢之學，靜含動機，而動含靜德，終日乾乾而不墮於虛，極深研幾而不逐於跡。其不立一藤枯樹倒、拆肉析骨之時地，以用其虛空筋斗之功者，正不許異端闌入處。〔註17〕

朱熹在《集註》中為異端下一定義：「異端，非聖人之道，而別為一端，如楊、墨是也。」楊墨之於孟子為異端，猶佛老之於船山而為異端者。異端以為離物而別有則，故棄物則，而廢人倫，此船山所不取者。

在理欲上，船山主張天理寓於人欲，天理必須通過人欲來呈示，不可離人欲而另求天理，亦不可離天理而另尋人欲。道德理性並非定要挺立在人欲的超越上，天理寓於人欲，就是道德價值之所在，故其對釋氏的禁欲持批判的態度，他說：「離欲而別為理，其唯釋氏為然。蓋厭棄物則，而廢人之大倫

〔註15〕同前註。
〔註16〕王夫之：《讀四書大全說》，《船山全書》第六冊，頁854。
〔註17〕王夫之：《讀四書大全說》，《船山全書》第六冊，頁857。

矣。」〔註18〕針對〈季氏篇・君子有三戒章〉他亦表達同樣的看法：

> 乃君子之所以別於釋氏者，則以隨時消息，不流於已甚，而未嘗劃
> 除之以無餘也。故血氣之所趨則戒之，而非其血氣之所必趨者，則
> 未嘗力致其戒也，豈與釋氏之自少至老，必廢昏姻、絕殺害，而日
> 中一食、樹下一宿之餘，皆非其所得者（同）哉？〔註19〕

不盡於人倫物理者，必喪己，而亦失於人。老子以有身爲大患，釋氏直以子女之愛親，爲貪痴之大惑，船山以爲均是否定了人作爲主體性的合理欲求，進而泯滅了人的生命價值，和人生現實面的積極意義。人倫乃大欲，不可流於荒遠而失實，對於〈公冶長篇・顏淵季路侍章〉，子曰：「老者安之，朋友信之，少者懷之。」後學以爲孔子之志大於顏子，而言其氣象恢廓如天地般，船山以爲此說甚謬失。蓋以老者、朋友、少者概括天下之人，則是以人之多少，以及功之廣狹來分聖賢，「則除是空虛盡、世界盡、我願無盡，方到極處。」他接著說：

> 安、信、懷者，施之以德也，非但無損於彼之謂也。如天地之有明
> 必聚於日月，五性之靈必授於人，而禽獸艸木不與焉。即此可想聖
> 人氣象與造化同其撰處。若云盡天下之人，非安即信，非信即懷，
> 汎汎然求諸物而先喪其己，爲墨而已矣，爲佛而已矣。善觀聖人氣
> 象者，勿徒爲荒遠而失實也。〔註20〕

言親疏，言差等，言人情，言聖人氣象同於造化，「有所不能生成而非私耳」，不類同墨家、釋教之喪其己，而不盡於人倫物理者。

〈雍也篇・有顏回者好學章〉中孔子讚顏淵「不遷怒，不貳過」爲好學。人有喜怒哀樂四情，儒學求其發而皆中和，而不爲過而去之功。怒與過，皆成於己者，不易把制，顏淵克己之功至密至熟，故孔子盛讚之。《四書大全》於小註，引朱子與人答問中「聖人無怒」一語，並以此較量孔子與顏淵之深淺，船山以爲乃固陋之說。但他爲朱子迴護，說乃門人附會成論，而非朱子本意，要不朱子於《集註》自不必引「舜誅四凶」一段，以佐說聖人亦但不遷怒，且「聖人無怒」亦自與經義扞格。他說：

> 莊子說列禦寇「食豕如食人」，釋氏說「我爲歌利王割截支體時，

〔註18〕王夫之：《讀四書大全說》，《船山全書》第六冊，頁911。
〔註19〕王夫之：《讀四書大全說》，《船山全書》第六冊，頁847。
〔註20〕王夫之：《讀四書大全說》，《船山全書》第六冊，頁661。

不生我見、人見」，所謂「聖人無怒」者，止此而已矣。《春秋》
書「楚世子商臣弒其君頵」，〔註21〕只此九字，千載後如聞雷霆之
迅發！〔註22〕

不似佛老之無有面目，孔子之於《春秋》，筆則筆，削則削，褒貶寓乎無形，
而爲誅心之論，使亂臣賊子，無所逃遁於天地，使綱紀弗墜，人類幸存。豕
不可於人同，人之見不可昧同於我之見，情發而皆中和，故聖人有所怒，而
所怒於理有所餘。讀聖賢書自是當面目分明。

三、批判佛老之離行以爲知

　　船山說：「君子不廢用以立體，則致曲有誠。誠立而用自行。逮其用也，
左右逢原而皆其眞體。故知先行後之說，非所敢信也。《說命》曰：『非知之
艱，惟行之難。』次序井然矣。」〔註23〕船山以爲知行相資不離，針對〈爲
政篇・吾十有五而志於學章〉，他指出：

　　以「志學」爲知，「立」爲行；「不惑」、「知命」、「耳順」爲知，「從
　　欲不踰矩」爲行；此乃強將自己立下的柱子栽入聖言內，如炙鐵相
　　似，亦能令其微熱而津出，究於彼無涉也。……

　　蓋云知行者，致知、力行之謂也。唯其爲致知、力行，故功可得
　　而分。功可得而分，則可立先後之序。可立先後之序，而先後又
　　互相爲成，則緣知而後行，緣行而行則知之，亦可云爲並進而有
　　功。〔註24〕

由此，批判「先知而後行」，「離行以爲知」，蓋「離行以爲知，其卑者，則訓詁
之末流，無異於詞章之玩物而加陋焉；其高者，瞑目據梧，消心而絕物，得者
或得，而失者遂叛道以流於恍惚之中，異學之賊道也，正在於此。」〔註25〕船
山於此透露強烈的護教意味，不僅批判訓詁家之耽於章句，亦批判佛老二家之

〔註21〕事見《左傳，文公元年》：「元年春王正月，公即位。二月癸亥，日有食之。
　　　　天王使叔服來會葬。夏四月丁巳，葬我君僖公。天王使毛伯來錫公命。晉侯
　　　　伐衛。叔孫得臣如京師。衛人伐晉。秋，公孫敖會晉侯於戚。冬十月丁未，
　　　　楚世子商臣弒其君頵。公孫敖如齊。」
〔註22〕王夫之：《讀四書大全說》，《船山全書》第六冊，頁671。
〔註23〕王夫之：《思問錄內篇》，《船山全書》第十二冊，頁417。
〔註24〕王夫之：《讀四書大全說》，《船山全書》第六冊，頁597。
〔註25〕王夫之：《尚書引義，卷三》，《船山全書》第二冊，頁314。

劃然離行以爲知。

　　格物窮理是船山主要的致知門徑。〈子罕篇・吾有知乎哉章〉：「子曰：『吾有知乎哉？無知也。有鄙夫問於我，空空如也，我扣其兩端而竭焉。』」朱子以爲「無知」乃孔子謙言己無知識之言，然而船山以爲此是孔子恐學者疑其有獨得之解，以求之於密相授受之機，故乃自言其所以教人者。蓋以聖人無所不知而謂之有知，此正墮於釋氏家言。船山說：

> 若釋氏，則如俗說聚寶盆相似，只一秘密妙悟，心花頓開。拋下者金山粟海，驀地尋去，既萬萬於事理無當，即使偶爾弋獲，而聖人如勤耕多粟，彼猶奸富者之安坐不勞，「五斗十年三十擔」，禍患之來無日矣。世人因不能如聖人之扣兩端而竭，便疑聖人有一聚寶盆在，故夫子洞開心胸以教之，而豈但爲自謙之詞！〔註26〕

聖人之教，不過即物窮理，事外無可執之理，理外無可用之心，世之學者騖趨簡捷之徑，以爲有現成法可偷安幸獲者，語上而遺下，舉一而廢百，而謂之有知，則遺患無窮。

　　船山主張「性日生而日成」，他說：「天日命於人，而人日受命於天。故曰性者生也，日生而日成之也。」〔註27〕人性是可改變的，或有能改過遷善者，或有由善趨惡者，故人必要有修身養性之自覺，才得有外王之效。修身養性日啓有功，但絕無止境，我欲仁而仁自至，一念旋忘，一行或失，則又止滯不前。千里之行，日積跬步，言其有功，而不可謂之已是至境。針對〈顏淵篇・顏淵問仁章〉中，「一日克己復禮，天下歸仁焉」二句，他如是提醒：

> 但於「天下歸仁」見效之速，不可於「一日克己復禮」言速。以「一日克己復禮」爲速，則釋氏一念相應之旨矣。經云「一日克己復禮」，非云「一日己克禮復」。克己復禮，如何得有倒斷！所以堯、舜、文王、孔子終無自謂心花頓開、大事了畢之一日。〔註28〕

「克己」絕不是佛家「煩惱斷盡，即是菩提」之事。船山言「克己」和「己克」於義當有所辨，蓋「己克」者，已成之事；「克己」者，續志之功，「克己復禮」無有止息，然後天理流行，人心方能各有所得。

　　《鄉黨篇》備記孔子日常行動，可見從學門弟子亦甚留意孔子平常行止，

〔註26〕王夫之：《讀四書大全說》，《船山全書》第六冊，頁730。
〔註27〕王夫之：《尚書引義，太甲二》，《船山全書》第二冊，頁300。
〔註28〕王夫之：《讀四書大全說》，《船山全書》第六冊，頁767。

日用之間雖小節，亦求其有合於道德的氣氛，不願見其流於苟且。楊時就說：「聖人之所謂道者，不離日用之間也。故夫子之平日，一動一靜，門人皆審視而詳記之。」〔註 29〕聖人雖然不必拘拘而爲此，但因盛德所至，自是能中節而合禮。船山在《讀四書大全說》〈鄉黨篇序〉中也說：

> 聖人只是一實，亦只是一密；於義但精，於仁但熟，到用時，須與他一段矗矗勉勉在。且如「色惡，不食；臭惡，不食」，而藉云自然，非出有心，則天下之好潔而擇食者，亦自然不食，而非有所勉。正當於此處，揀取分別。故知說玄說妙者，反墮淺陋。如佛氏說清淨，說極樂，到底不過一蓮花心、金銀樓閣而已。故吾願言聖人者，勿拾彼之唾餘也。〔註30〕

後學有以爲聖人之學乃全體大用，而將其作一了百了理會者，不知講一了百了、大徹大悟，是釋氏之家法。孔門弟子爲後世學者，審視詳記孔子之日常行止，後人不琢磨於聖人動容周旋之間，而求之自然，求之玄妙，打向虛空，只是邪知妄解，不合於聖道。

力行必在務學，行不僅是知，更統率著知，離行則無學，缺乏實踐之工夫，或是不從實踐來對「學」作檢驗，則讀書只是間接之經驗，思辨易墮於危殆之境地。

> 「吾必謂之學矣」六字，是聖學、異端一大界限，破盡「直指人心，見性成佛」一流邪說。於此見子夏篤信聖人處。知此而後知《集註》之精。〔註31〕

〈學而篇‧賢賢易色章〉中，子夏所言「賢賢易色，事父母能竭其力，事君能致其身，與朋友交，言而有信。」此四事，原是子夏用以考稽學之所成，而非在泛論人品，船山稱揚子夏能破一切徒高騖遠之說，以爲親賢盡倫之事，非是務學而力行者不可至於此。務學而力行乃儒學之精髓，此亦非佛老之「直指人心，見性成佛」，以爲有不學而能之聖賢者。

船山在宇宙觀和本體論上，堅守儒家正學，但對佛老亦是出入自如，其有關佛老的著作，有《相宗絡索》、《老子衍》、《莊子通》、《莊子解》四書。在融攝之餘，「入其壘，襲其輜，暴其恃，而見其瑕矣，見其瑕而後道可復也」，

〔註29〕 朱熹：《論語集註，鄉黨第十》（臺北：大安出版社，1994 年初版），頁 157。
〔註30〕 王夫之：《讀四書大全說》，《船山全書》第六冊，頁 742。
〔註31〕 王夫之：《讀四書大全說》，《船山全書》第六冊，頁 590。

透過批判建立一己的思想體系，別開生面之餘，也穩立了儒學正統。

第二節　論末流之詮釋不當而流於佛老者

　　船山訶斥佛老爲異端，其於歷代諸儒，除文、周、孔、孟之外，鮮不有糾彈者，至於宋明諸儒，亦只有對希企其正學之橫渠，讚賞不已，其餘各家均是稱譽時少而貶抑時多，其中尤以攻陸王尤烈，於程朱在關鍵處，亦不假辭色。其中雖關涉彼此義理進路根本上方向的不同，但基本立場，皆是以儒學爲本位。在根本課題上，宋明理學均求道德本體的確立，使其有一穩立的價值，亦即均是「內聖之學」，「成德之教」。其於陽明之學，批駁其但顯心之創造性本體，徒依恃良知卻不注重學問之積累，不重視道德事業之眞實開展，致使無法循歷史進路，以人爲首出來成就眞實事業。船山於朱子，雖有不苟同之處，但情感上多予曲護，爲文時常言其爲弟子之誤記錯判，但亦有不假辭色之時，究其因，多爲朱子之說或有陷於釋氏窠臼，藉格物以求證體者；〔註32〕或其主「性即理」，使心不自具創生之用，而不同於船山之以本貫末，直承本心以實現道德事功者。概括地說，船山攻陸王，半由於學問進路之不同，更根本的心情，乃是船山之時代感不同，學問志業之不同，船山更重格物，以挺立民族和人類的立場，藉以順成外王事功。

　　船山作爲一有政治取向的詮釋者，以注疏經典寓託經世濟民的政治抱負，對身處的時代所面臨的現實困境，提出解決的方案。最嚴厲的批判是針對理學末流而發，是針對《四書大全》而發。《四書大全》潦草成書，強爲割裂，在內容上無甚特色，但就影響言，則是明清官學之重要典籍。流風所及，至此開所謂講章一派，專爲時文而設。腐陋相仍，朱子之書，淪爲所謂龍頭

〔註32〕王夫之：《讀四書大全說》，〈憲問篇・莫我知也夫章〉：「只下學處有聖功在，到上達卻用力不得。故朱子云：『下學而不能上達者，只緣下學得不是當。』此說最分明。乃朱子抑有『忽然上達』之語，則愚所未安。若立個時節因緣，作迷悟關頭，則已入釋氏窠臼。朱子於《大學補傳》，亦云『一旦豁然貫通焉』，『一旦』二字亦下得驟。想朱子生平，或有此一日，要未可以爲據也。……『忽然上達』，既與下學打作兩片，上達以後，便可一切無事，正釋氏『磚子敲門，門忽開而磚無用』之旨。釋氏以頓減爲悟，故其教有然者。聖人『反己自修』而『與天爲一』，步步是實，盈科而進，豈其然哉！故曰天積眾陽以自剛，天之不已，聖人之純也。『發憤忘食，樂以忘憂，不知老之將至』，聖人之上達，不得一旦忽然也，明矣。」《船山全書》第六冊，頁811～812。

講章，經義廢置，正學隳頹。

理學發展到末流，往往空談心性，束書不觀。後學不在自家體貼，而各誦先師之言，互相頡難，形成「寧道孔孟誤，諱說程朱非」的社會風氣，儒家原旨晦而不彰。故陸隴其就沉痛地說：「王氏之學遍天下，幾以爲聖人復起。而古先聖賢下學上達之遺法，滅裂無餘，學術壞而風俗隨之。其蔽也，至於蕩軼禮法，蔑視倫常，天下之人恣睢橫肆，不得自安於規矩繩墨之內，而百病交作……故至於啓、禎之際，風俗愈壞，禮義掃地，以至於不可收拾，其所從來非一日矣。故愚以爲，明之天下，不亡於寇盜，不亡於朋黨，而亡於學術。學術之壞，所以釀成寇盜朋黨之禍也。」〔註33〕

《四書大全》雖以朱子《集註》爲底本，但所取諸註家，於聖人微言分剝而喪其眞，不知有孔孟，甚或亦不知程朱，明季士子爲制義以應科目，無不誦讀，遺患所及，此正爲船山與有識者之最不可忍者。究其批判進路，亦有以下數端：

一、批判末流之立體而廢用

〈里仁篇‧吾道一以貫之章〉：

潛室（陳埴）倒述《易》語，錯謬之甚也。《易》云「同歸殊途，一致百慮」，是以「一以貫之」。若云「殊途同歸，百慮一致」，則是貫之以一也。釋氏「萬法歸一」之說，正從此出。

此中分別，一線千里。「同歸殊塗，一致百慮」者，若將一粒粟種下，生出無數粟來，既天理之自然，亦聖人成能之事也。其云「殊塗同歸，百慮一致」，則是太倉之粟，倒併作一粒，天地之間，既無此理亦無此事。……

若夫盡己者，己之盡也；推己者，己之推也；己者「同歸」「一致」，盡以推者「殊塗」「百慮」也。若倒著《易》文說，則收攝天下固有之道而反之，硬執一己以爲歸宿，豈非「三界唯心，萬法唯識」之唾餘哉？比見俗儒倒用此二語甚多，不意潛室已爲之作俑！〔註34〕

聖學求上遂於道，此盡己者；而再求道之開顯於人，此推己者。船山詮釋

〔註33〕陸隴其：《三魚堂文集，卷二，學術辨上》，《景印文淵閣四庫全書，集部480》（臺北：臺灣商務印書館，1983年），頁1325-15～1325-16。

〔註34〕王夫之：《讀四書大全說》，《船山全書》第六冊，頁642～643。

進路是以「道」爲依準，而「人」卻是核心，故非別有一「天」，別有一「道」。如別有一清虛無爲之天，以虛貫實，則是釋氏「萬法歸一」之說。「道」不可停駐在「道之在其自己」，而是人據此以參贊化育，此《易傳》所謂「裁成天地，輔相萬物」(《周易大象傳·泰卦》)。潛室倒述《易》語，則聖意被曲解爲「貫之以一」，於此強調的是「一」，「道」則成了孤懸之本體，因而失去創生之積極作用。子曰：「一以貫之」者，強調的是「貫」字，此化育亭毒之天開顯於人，而爲誠、爲仁、爲忠恕，故道無不立，無不行。船山闡明盡己、推己乃配天合道，非以「一己」爲歸宿，故「一以貫之」不同於「貫之以一」者。船山於此辨析聖學、異端之一大界限，而糾矯末流蹈於空疏，立體以廢用之失。

又有批判謝良佐者，〈雍也篇·孟子反不伐章〉：

> 上蔡云「人能操無欲上人之心，則人欲日消，天理日明」，此理未得周決。在上蔡氣質剛明，一向多在矜伐上放去，故其自爲學也，以去矜爲氣質變化之候。然亦上蔡一人之益，一時之功，而不可據爲典要。若人欲未消，無誠意之功；天理未明，無致知之力；但以孟之反一得之長爲法，則必流入於老氏之教。……

> 若上蔡之學，其流入於老氏與否，吾不敢知，特以彼變化自家一篇氣質之事，以概天下之爲學者，則有所不可。「無欲上人」四字，亦是一病。夫子說「君子矜而不爭」，特不與人對壘相角而已，到壁立萬仞處，豈容下人？孟子曰：「不恥不若人，何若人有！」斯學者立志之始事，爲消欲明理之門也。〔註35〕

魯大夫孟子反軍敗殿後而返，入門言：「非敢後也，馬不進也。」孔子讚其不矜己以誇人。謝良佐以爲其能操無欲上人之心。船山則以爲聖學大道，有爲公之志，非僅求克己之功，大道善其事功之成，而能利行於天下。「謙」乃明理消欲之始，君子有壁立千仞之處，當仁不讓之時，自非視「謙」爲至善。他引《易》：「善世而不伐」一語，闡明不伐乃當在功德已盛之後，自極於高明廣大之處，以移風易俗者。若但持此以消欲以明理，則消者非其所消，而明者非其所明，「克伐不行，不足以爲仁者。」克己不矜乃學者立志之始事，同時他也提醒說：「亦不教人全身從此下手」。蓋以一人之益，一時之功，據爲典要，船山以爲必流於老氏之教。

〔註35〕王夫之：《讀四書大全說》，《船山全書》第六冊，頁 680～682。

在學術上，船山對末流大加抨擊，希企能一滌其但求主體境界修養，而疏略於道德實踐之失；在政治上，他希望能撥亂反正，挺立昂揚的民族心志，來挽時局之狂瀾。船山批判王學末流，藉以清除儒學中佛老的成分，還原儒學之眞面目。〈雍也篇・知之者不如好之者章〉：

> 「知之者」之所知，「好之者」之所好，「樂之者」之所樂，更不須下一語。小註有云「當求所知、所好、所樂爲何物」，語自差謬。若只漫空想去，則落釋氏「本來面目」一種狂解。若必求依據，則雙峰之以格物、致知爲知，誠意爲好，意誠、心正、身修爲樂，仔細思之，終是「捉著鄰人當里長，沒奈何也有些交涉」，實乃大誣。……
>
> 尹氏説個「此道」，早已近誕；賴他一「此」字不泛、不著。且其統下一「此」字，則三「之」字共爲一事，非有身、心、意、知之分。聖人於此三語，明白顯切，既非隱射一物；而其廣大該括，則又遇方成圭，遇圓成璧，初不專指一事。《論語》中泛泛下一「之」字者，類皆如此。總之是説爲學之功用境界，而非以顯道。聖人從不作半句話，引人妄想。……
>
> 從乎「當求所知、所好、所樂爲何物」之説，而於虛空卜度一理，以爲眾妙之歸，則必入釋氏之邪説。從乎雙峰之所分析，則且因此誤認《大學》以今年格物、明年致知，逮乎心無不正，而始講修身，以敝敝窮年，卒無明明德於天下之一日。且誠意者不如身修，是其內外主輔之間，亦顛倒而無序矣。《五經》、《四書》，多少綱領條目，顯爲學者所學之事，一切不求，偏尋此一「之」字覓下落，舍康莊而入荊棘，何其愚也！〔註36〕

《論語》是落實在生活場域中理解的，渾淪大用。於「學」雖有知、好、樂三個建構之階程，但合而皆備，不可割裂。「子以四教：文、行、忠、信。」（〈述而篇〉），孔子言：「興於詩，立於禮，成於樂。」（〈泰伯篇〉），錢穆先生說：「孔子所教，人人可學；而孔子所學，人人可教。」〔註37〕從人生切知處，求知和好學，不求之於現實人事以外者，重視的是「下學而上達」的踐履精神，故罕言「性與天道」。於學有「雖曰未學，吾必謂之學矣」者，是以不必也不可再求問「所知」、「所好」、「所樂」爲何物者。此章之重心顯然在

〔註36〕王夫之：《讀四書大全説》，《船山全書》第六冊，頁 684～686。
〔註37〕錢穆：《孔子與論語》（臺北：聯經出版社，1974 年初版），頁 102。

講求為學之功用境界，不可向上空泛立說。船山於此除批駁《四書大全》註家外，也對《集註》尹焞之以「道」說「之」字，予以駁斥。此亦末流好「崇虛黜實」，「立體廢用」，船山予以批駁者。

二、批判末流之毀棄人倫物理

〈雍也篇・三月不違仁章〉：

> 《註》言「無私欲而有其德」，究在「有其德」三上顯出聖學，而非「煩惱斷盡即是菩提」之謂。西山云「諸子寡欲，顏子無欲」，則寡欲者斷現行煩惱之謂，無欲者斷根本煩惱之謂。只到此便休去、歇去，一條白練去，古廟鱸去，則亦安得有聖學哉？……
>
> 異端所尚，只掙到人欲淨處，便是威音王那畔事，卻原來當不得甚緊要。聖賢學問，明明有仁，明明須不違，明明可至，顯則在視、聽、言、動之間，而藏之有萬物皆備之實。「三月不違」，不違此也；「日月至焉」，至於此也。豈可誣哉！豈可誣哉！〔註38〕

孔顏之學，但存天理，而非遏欲。孔子贊顏回「其心三月不違仁」，是其用功，真積其力，但也只是三月之間，克己復禮，不遷怒，不貳過。顏回好學，其德闇然而日章，故孔子亟言其善，《集註》中朱子言「不違仁者，無私欲而有其德。」船山提醒我們要措意於「有其德」三字，因其方為聖學所彰顯處。在「無私欲」上拈話頭，則流於釋氏之說。船山講「理欲合一」，以為「天欲」不與「人欲」相對反，惟「公理」與「私欲」相對反，〔註39〕故他說：「天理、人欲，只爭公私誠偽。如兵農禮樂，亦可天理，亦可人欲。春風沂水，亦可天理，亦可人欲。才落機處即偽。夫人何樂乎為偽，則亦為己私計而已矣。」〔註40〕顏回有其德以顯聖學者，自非釋氏「煩惱斷盡，即是菩提」之謂。

末流將心力於「無欲」上耗磨，使心性乾涸，精力疲軟，而國力豈有不頹萎而致國祚傾覆者。此船山批駁末流，不盡人倫，而廢日用者。

〈雍也篇・賢哉回也章〉：

> 真西山（真德秀）所云：「簞瓢陋巷不知其為貧，萬鍾九鼎不知其為

〔註38〕 王夫之：《讀四書大全說》，《船山全書》第六冊，頁673～674。
〔註39〕 船山之「理欲合一」論，林安梧先生在其《王船山人性史哲學之研究》一書，第五章，第三節有很精闢之論述，可參考該書頁106～118。
〔註40〕 王夫之：《讀四書大全說》，《船山全書》第六冊，頁763。

富。」一莊生〈逍遙遊〉之旨爾。簞瓢陋巷，偃鼠、鷦鷯之境也。
萬鍾九鼎，南溟、北溟之境也。不知其貧，南溟、北溟之觀也。不
知其富，偃鼠、鷦鷯之觀也。將外物撇下一壁看，則食豕食人、呼
牛呼馬而皆不知矣。聖賢之道，聖賢之學，終不如是。……

孔、顏、程、朱現身說法，只在人倫物理上縱橫自得，非西山所庶
幾可得。〔註41〕

《論語》無懸空之語，只在日用常行之間。本卑而作高，本淺而作深，
本近而作遠，本明而作晦，都是悖離原義。顏回之樂，不在以貧爲樂，不在
另有一蠲忿療愁之法。程頤說：「簞瓢陋巷非可樂，蓋自有其樂爾。」船山進
而考掘說：「顏子之樂，乃在道上做工夫。」工夫則在「禮復而仁至」。講禮
復，講仁至，自非莊生之不滯於物，超脫於現實，以「無己」、「無功」、「無
名」作爲優游生活旨趣的追求。船山又說：「道之未有諸己，仁之未復於禮，
一事也發付不下，休說簞瓢陋巷，便有天下，也是憔悴。」〔註42〕故顏回所
樂者，「意得之謂。於天理上意無不得。」孟子言「禹稷顏回同道」（《孟子・
離婁下第二十九》），顏回之「一簞食，一瓢飲，人不堪其憂，顏子不改其樂」
是工夫，禹稷之「人溺己溺、人飢己飢」亦是工夫，此中所透露出之「窮則
獨善其身，達則兼善天下」的進退行止，而人倫藏之，人倫顯之。

〈季氏篇・君子有九思章〉：

乃朱子此語（「若聞時不思量義理」一段），殊費周折，不得暢快。
其故在問者不審，乃令答者迂回。問者曰：「無事而思，則莫是妄想？」
如此而問，鹵莽殺人！夫唯忿與見得，則因事而有；疑之思問，且
不因事而起。若視聽容貌，則未嘗有一刻離著在。聖學中，原無收
視反聽，形若槁木的時候。倘其有此，即謂之怠忽，而夫子且比之
爲「朽木」、「糞土」，賤之爲「飽食終日」矣。〔註43〕

思乃道心之起用工夫，種種修養工夫，實踐歷程，實皆此心之思所發用。
「思乃心官之特用」，「思爲人道，則爲道心，乃天之寶命，而性之良能，人
之所以異於禽獸者，唯斯而已。」（《孟子・告子上篇》）〔註44〕船山贊孟子說

〔註41〕王夫之：《讀四書大全說》，《船山全書》第六冊，頁 679～680。
〔註42〕同前註。
〔註43〕王夫之：《讀四書大全說》，《船山全書》第六冊，頁 855。
〔註44〕王夫之：《讀四書大全說》，《船山全書》第六冊，頁 1096。

一「思」字，其功不下於大禹。船山說：「故『思』之一字，是繼善、成性、存存三者一條貫通梢底大用，括仁義而統性情，致知、格物、誠意、正心都在三者上面用工夫。」(《孟子・告子上篇》)〔註45〕於此點出「思」的三個面向：心的自主性、心的絕對性、心的道德性。〔註46〕人之官必思而後得，於此顯揚著的是人之主體性，此不同於耳目之官不思而亦得之小體，孜矻於逸、於利，而終至心力勞絀，而無所裨益者。佛老惑辨「利害之府」與「仁義之門」之異，故亟言其弊，而力絀其用，隳塞聰明，至此人心遂形若槁木，喪失了主體性和能動性。言思之絕對性者，非因緣和合之虛幾，而是必貫通於物中，當體而應無窮者。此又異於釋氏之以心與物相對，要求能不緣於外物，而當體即空者。船山以爲「思」兼攝超越義和現實義，故「思」於自主性、絕對性之外，必還內蘊一道德之實義，方能眞顯儒家之義理，所以他說心乃道義之門，「思爲本而發乎仁義，亦但生仁義而不生其他也。」(《孟子・告子上篇》)〔註47〕「思」於體用能相交發，此不同於佛老之立體廢用，而體終不立者。船山於此章批駁朱門後學不審「思」字，而墜入心學之偏。

三、批判末流之徵證失當，悖離史實

　　抽象之「義理」若能掛搭著「人事」來說，鮮活有致。此讀《論語》時，亦欲想見孔門聖賢氣象者，「人」、「理」兩相浹洽，更顯通透。故後人於孔子及其門弟子之生平事蹟，無不津津樂道，而能詳其一二者。但讀書於事例之徵引，要能區辨其眞偽，若以偽爲眞，或以偽昧眞，則正學者不爲。故船山對其他註家、鄙儒以偽書爲憑式，以不當史實佐而詮釋《論語》者，深覺痛惡。他說：

> 孔子既沒而道裂，小儒抑爲支言稗說以亂之。如《家語》、《孔叢子》、
> 《韓詩外傳》、《新序》、《說苑》諸書，眞偽駁雜，其害聖教不小。
> 學者不以聖言折之，鮮不爲其所欺。《家語》、《說苑》稱子路鼓瑟，
> 有北鄙殺伐之聲，說甚猥陋。〔註48〕

　　《史記》之後，紀傳體成爲正史體例，雜史、雜傳亦隨之興起。班固《漢

〔註45〕王夫之：《讀四書大全說》，《船山全書》第六冊，頁1092。
〔註46〕參見曾昭旭：《王船山哲學》，〈第三編，第四章王船山之人道論〉(臺北：遠景出版社，1983年初版)，頁435～451。
〔註47〕王夫之：《讀四書大全說》，《船山全書》第六冊，頁1091。
〔註48〕王夫之：《讀四書大全說，先進篇》，《船山全書》第六冊，頁755。

書・藝文志》載小說十五家，共一千三百八十篇之多。魯迅在《中國小說史
略》就認爲「托人者似子而淺薄，記事者近史而悠謬」。此類似子非子、近史
非史的雜史、雜傳，仍有如劉向的《新序》、《說苑》、《列女傳》、《列士傳》，
韓嬰的《韓詩外傳》，陸賈的《楚漢春秋》（輯本），趙曄的《吳越春秋》和袁
康的《越絕書》等傳世。其作不類正史之嚴謹，大量搜錄奇聞軼事，並雜以
虛誕怪妄之說，頗類於小說，有文學之意味，但船山以爲切不可引以爲注疏
之據。

> 《家語》抑有戴雄雞、佩豭豕之說，尤爲誣罔，固非君子之所宜取
> 信也。〔註49〕

《孔子家語，子路初見篇》中，孔子以德折服子路之事，我們都知之甚
稔，於師生二人之面目、德行，或可有一番更深之體認，但供談笑之資則可，
引以註書則失之。《孔子家語》係三國時，王肅所僞造，其所僞者，另有《孔
叢子》、《聖證論》二書。《孔子家語》意在爲其《聖證論》提供論據，以攻擊
鄭玄之學，是借聖人之口詮一己之心。在《孔子家語》、《孔叢子》中，他從
各個不同角度來論述治國思想、方法，以及用人等重大問題。而在尊崇孔子，
儒學的名義下，也駁雜著道家之無爲思想，此不僅史料，在思想根本上，更
是不容合於正學者。

對於篤孝之閔子騫跪父恕母之事，船山也不以爲然，認爲「蘆花被之說，
譌說也。」〔註50〕又說：

> 胡氏所述閔子蘆花事，猥云出自《韓詩外傳》。今《韓詩外傳》十卷
> 固在，與《漢藝文志》卷帙不差，當無逸者，卷中並無此文，蓋齊
> 東野人之語爾。宋末諸公，其鄙倍乃至於此。〔註51〕

《韓詩外傳》乃西漢韓嬰所作，其爲漢初傳《詩》三家之一，《韓詩》創
始者。韓嬰說《詩》乃是借《詩》發揮其政治思想，所以多述孔子軼聞、諸
子雜說和春秋故事，引《詩》以證事，並非述事以明《詩》。其中所述歷史故
事，甚多爲劉向所編之《說苑》、《新序》、《列女傳》采錄；趙曄所撰《吳越
春秋》，也採取其中相關以吳越背景之故事作素材。亦是文學意味高於史實者。

〔註49〕 王夫之：《讀四書大全說，先進篇》，《船山全書》第六冊，頁756。
〔註50〕 王夫之：《四書箋解，卷四，下論，先進第十一，孝哉章》，《船山全書》第六
　　　　冊，頁219。
〔註51〕 王夫之：《讀四書大全說，先進篇》，《船山全書》第六冊，頁749。

　　小儒以淺識遙斷古人，樂引異說以自證，乃不知所引者之適以自攻。《吳越春秋》一書，漢人所撰，誕詿不足信，不可與《左傳》參觀異同。且彼書記太王之言曰：「興王業者，其在昌乎！」則太王之不忘翦商，亦可見矣。夫子稱泰伯爲「至德」，而於太王未施一贊詞，仁山乃苦欲曲美太王，而不知其以抑泰伯也殊甚，何其矛盾聖言而不恤也。〔註52〕

　　對僞書如是地嚴正，以爲不可引據以爲論證。有時文針對〈季氏篇・生而知之者章〉中「生而知之」一句，以野史爲論證之資，強爲曲解者，船山亦大加批判。

　　時文有塡入野史「生而能言，幼而徇齊」等話者，胡談也。此「生」字，非初生在襁褓之謂。又豈劃定十歲以前爲生，十歲以後爲死乎？但不待學而自知，即謂之生。〔註53〕

　　船山不僅於僞書、野史如是，於司馬遷之《史記》，其中若有不合史實者，亦不假寬貸。

　　圈外註引《史記》南子同車事，自是不然。史遷雜引附會，多不足信。且史所云者，亦謂見靈公之好色，而因歎天下好德者之不如此，非以譏靈公也。乃夫子即不因靈公之狎南子，而豈遂不知夫人好色之誠倍於好德？則朱子存史遷之說，尚爲失裁，況如新安之云，則似以譏靈公不能「賢賢易色」，是責盜跖以不能讓國，而歎商臣之不能盡孝也，亦迂矣。〔註54〕

　　〈子罕篇・吾未見好德如好色者章〉，朱子於《集註》引《史記》語：「孔子居衛，靈公與夫人同車，使孔子爲次乘，招搖市過之。」並於其後補註曰：「孔子醜之，故有是言。」朱子引徵失當於前，小儒失繹於後，此船山所不容者，故責其失裁，譏其爲迂。

第三節　作爲重建者之詮釋活動

　　舊論有以船山爲程朱學派者，以今視之，雖失精當，蓋作此論者，於其

〔註52〕 王夫之：《讀四書大全說，泰伯篇》，《船山全書》第六冊，頁710。
〔註53〕 王夫之：《四書箋解，卷四，下論，季氏第十六，生知章》，《船山全書》第六冊，頁257。
〔註54〕 王夫之：《讀四書大全說，子罕篇》，《船山全書》第六冊，頁738。

時以爲宋明理學，只分程朱、陸王二系，而未別開張載一系之故。船山闢佛老，正人心，紹承朱子之正宗而衍其義，在立場上，據此以批判陸王心學。船山之《論語》注疏之作，以朱熹《集註》爲底本，亦是對其學思之肯定，以爲朱熹之跡，能得聖功深造體驗之實，在詮釋上，不屑於從事文詞之末，使學者能反求自得，「（朱子一部《中庸》）渾然在胸中，自然流出來底節目，非漢人隨句詮解者所逮，而況後人之爲字誘句迷，妄立邪解者乎？」〔註55〕並以批駁釋老，護衛正學。船山對朱熹在經典之詮釋和傳承上，能收弘揚儒學之作用，亦多予推崇。朱熹「以格物窮理爲始教，而檠括學者於顯道之中。」〔註56〕此格物窮理之進路，乃一實學之價值取向，有別於二程以靜一誠敬爲進路，易蹈入虛空，而流於釋老者，故船山以爲朱熹之學，可救程氏之弊。

〈公冶長篇‧子使漆雕開仕章〉，漆雕開對曰：「吾斯之未能信。」孔子聞言而悅。程顥曰：「漆雕開已見大意，故夫子悅之。」朱熹則特別點明「斯，指此理而言。信，謂眞知其如此，而無毫髮之疑也。」船山就此評論說：

> 程子曰「曾點、漆雕開已見大意」，自程子從儒學、治道晦蒙否塞後作此一語，後人不可苦向上面討滋味，致墮疑網。蓋自秦以後，所謂儒學者，止於記誦詞章，所謂治道者，不過權謀術數，而身心之學，反以付之釋、老。故程子於此說，吾道中原有此不從事跡上立功名，文字上討血脈，端居無爲而可以立萬事萬物之本者。爲天德、王道大意之存，而二子爲能見之也。

> 及乎朱子之時，則雖有浙學，而高明者已羞爲之，以奔騖於鵝湖，則須直顯漆雕開之本旨，以閑程子之言，使不爲淫辭之所託，故實指之曰，「斯指此理而言」。恐其不然，則將有以「斯」爲此心者，抑將有以「斯」爲眼前境物、翠竹黃花、燈籠露柱者。以故，朱子於此，有功於程子甚大。〔註57〕

船山雖於朱熹多所推崇，亦有爲其迴護之處，但在企求正學，尋繹聖義時，遇朱熹有所不足，有所偏失之處，必加矯正，並能在高度和廣度上予以深化，此船山能後出轉精，立足時代，而能超越前賢者。

〔註55〕王夫之：《讀四書大全說》，《船山全書》第六冊，頁478。
〔註56〕王夫之：《張子正蒙注，序論》，《船山全書》第十二冊，頁10。
〔註57〕王夫之：《讀四書大全說》，《船山全書》第六冊，頁652。

一、匡正《集註》偏失以更合原義

　　語言文字作為意義之載具，或是表意之手段，在我們使用時，皆欲其能十足具全地表彰其功能，以達旨傳意。但有患詞鄙而不足以達意者，有病詞麗而反蔽其意者，皆是對語言文字之於載具，在功能上未能作最好之呈現。詮釋經典時，詮釋者面對文本文句，再以語言文字作出詮釋，之間除了語文之距離外，還存有著詮釋者與創作者抽象思維上之距離，是以無論是語言文字直接地使用，或是間接地閱讀和詮釋，於詞求「達」乃一慎重之事。

　　孔子說：「辭達而已矣」（〈衛靈公篇〉），君子立誠，語言文字用以納交行事，用以明理立教，非別有巧心，而有所增麗損刪。或有委婉而韻致者，蓋因有時意在言表，須詠歎以感動人心；或有舉事論史者，蓋因有時意必有徵，須援引古今以證之，凡此皆以達意為目的。船山說：

> 「達」有兩義，言達其意而意達於理也。然此兩者又相為因，意不達於理，則言必不足以達其意。云「而已矣」，則世固有於達外為辭者矣。於達外為辭者，求之言而不恤其意，立之意而不恤其理也。〔註58〕

語言文字但求達其意，其意但求能合符正理，是以語言文字不得與其意義產生異化之情形，就儒學而言，意義亦不可與聖道產生異化之情形。故船山對言無意而乖背於理，但求工巧者；以及理不著而言亦鄙者，皆以為不「達」。他說：

> 理在淺，而深言之以為奇；理在深，而故淺言之以為平；理在質，而文言之以為麗；理本文，而故質言之以為高：其不求達而徒為之辭，一也。〔註59〕

　　求「達意」是語言文字最高，亦是唯一之功用，在運用上不必患其質樸，不必避其富麗，文類殊體，此《詩》之有「賦」「比」「興」者，曹丕也於《典論‧論文》一文提出：「奏議宜雅，書論宜理，銘誄尚實，詩賦欲麗」的「辨體」觀念，指出文體四科互有所別之處。有宜雅者、有宜理者、有尚實者、有欲麗者，但求達意而已。故船山對《集註》中朱熹所言辭達者「不以富麗為工」之見不表贊同，以為只是偏墮一邊，「豈不富而貧，不麗而陋之遂足以達哉？」

〔註58〕　王夫之：《讀四書大全說》，《船山全書》第六冊，頁840。
〔註59〕　王夫之：《讀四書大全說》，《船山全書》第六冊，頁840。

　　船山對語言文字能深切掌握，故在詮釋上多有能超越朱註，有所突破者。

　　針對〈憲問篇〉：「『克、伐、怨、欲不行焉，可以為仁矣？』子曰：『可以為難矣，仁則吾不知也。』」一章。他首先在文句上細加較量，以為「克、伐、怨、欲不行焉」，在語氣上，不類同於「克、伐、怨、欲不行」；在結構上，不類同於「不行克、伐、怨、欲焉」。

　　「不行」者，船山所謂「己私之克」，他說：「所言『不行』者，亦無『克、伐、怨、欲』而後可以當之也。」「不行」者，以今言之·亦即「沒有」之意，「不行焉」在句法上為完足語氣，若少一「焉」者，則不及此。「不行克、伐、怨、欲焉」，在結構上，則似此四者為人所固有，因強制而不行。先儒分「克、伐、怨、欲」為內，「不行」為外，遏於內而不令其行於外，是克制之功。船山以為人有善端，固此「克、伐、怨、欲」四者，非吾心之所固有，故「克、伐、怨、欲不行焉」一句，不可作內外之分，不可有藏用之別，但求日盡其力，克之為功。

　　對於不可作內外之分，船山舉陰險柔懦之流為例，此輩人一腔怨欲，全不能見之於事者，豈能稱善。故心懷不軌，而但不仇害、不詛罵，自不可謂其為善、為難能者。「仁」則天理渾然，於人但有百益而無一害，若「克、伐、怨、欲不行焉」一句，只講遏之於內，令其不行於外，船山以為就「如病人寒中陰藏，其毒彌甚。」〔註60〕但有害，而何可言益。以此理解孔子所云「可以為難」者，更是相悖不合。

　　可知「克、伐、怨、欲，不行焉」，即是克己，而使此四者於其內心之必無。船山言「不行」為「必無」，較朱熹言「有之能制其情使不行」為精審。

　　接著船山也矯正朱熹，以為克己並非斷欲，他說：「朱子『合下連根剗去』之說，則尤愚所深疑。合下不合上，連根不連根，正釋氏所謂『折服現行煩惱』、『斷盡根本煩惱』之別爾。欲得一刀兩斷，當下冰釋，除用釋氏『白骨微塵觀』。無己，則亦所謂『本來無一物，何處惹塵埃』而已極矣。聖學中原不作此商量。」〔註61〕船山講「理欲合一」，以其「兩端而一致」的對比辯證思維模式，言「天理」並不與「人欲」相對，仁者，推其私，節其欲，而使其皆能合於理，因「理至處，則欲無非理。欲盡處，理尚不得流行」。若只是虛心寡欲而安求恬淡者，自不合於原始儒學積健昂揚之精神。

〔註60〕王夫之：《讀四書大全說》，《船山全書》第六冊，頁405。

〔註61〕王夫之：《讀四書大全說》，《船山全書》第六冊，頁406。

　　蓋「克己」之後須有「復禮」之功，「恭、寬、信、敏、惠」五者，能行於天下，方得爲仁。於儒學，船山以爲當「體用一如」，他說：「以體言之，則有所復也，而乃以克所克；克所克矣，而尤必復所復。以用言之，則其所不當行者不行，尤必其所當行者行之也。」〔註62〕此孔子不但言「克己」，必曰：「克己復禮爲仁」；必曰：「能行五者於天下」，而不徒言不行不仁者。「拔去病根，亦只是『不行』，未盡其義。」〔註63〕制欲，不足爲體仁，必如孟子所云，要能擴而充之，如火之始燃，泉之始達，方爲有功。

　　此章孔子意在凸顯「仁」之能動性、積極性，絕非僅在消極面之克制與化解而已。故船山不滿於程朱之註，他先從文句的脈絡，上下求索其正確旨意，再以其「理欲合一」、「體用一如」哲學觀，來貞正孔子之原始意蘊，使原始儒學之實學精神，得以挺立。

　　儒學作爲一生命之學問，生活之學問，重在一實踐義。儒者之行用舍藏，退則修身以俟，進則盡己以用世，於明道繼而蹈舉之，不徒爲立功而求新立異，因革之間，但求天命維新，長治之統。此舜承堯而爲君，曹參繼蕭何而爲相，不必欲有所創制，不然，反累物而損道。孔子就稱揚舜帝：「無爲而治者，其舜也與？夫何爲哉，恭己正南面而已矣。」（〈衛靈公篇〉）而舜之「無爲而治」者，是就儒學積極實踐義而言，絕非老氏之消極清靜義。船山說：

> 舜之「無爲」，與孔子之「不作」同，因時而利用之以集其成也。《集註》云「既無所爲」，自是此義。〔註64〕

「因時」、「利用」、「集其成」此三者，絕非但尸居其位，一無所利行天下者。「因時」是能就審乎時勢，於動靜、損益間，求取最合宜之時機。「利用」者，洞明對象之需求，尋一最大之利基點，爲其謀最大之福祉。「集其成」者，彙集已有之資源，排沙簡金，承繼並多所發揚。是以此三者，實匯合著高遠之心志，洞明之智慧，以及力行之道。不審於此，則不能與老氏之教分判，故船山就《集註》中朱熹之觀點，再予深入，以明其義。也就此義，對朱註字字考究，進而糾舉其未審之處。

　　船山以爲《集註》之「恭己爲敬德之容」一句有礙聖義，他說：「《集註》謂『恭己爲敬德之容』，乃未能識一『己』字。身心言行皆己也，豈徒貌哉？……

〔註62〕同前註。
〔註63〕王夫之：《四書箋解卷四，下編》，《船山全書》第六冊，頁238。
〔註64〕王夫之：《讀四書大全說》，《船山全書》第六冊，頁822。

敬但在容，而敬亦末矣。」〔註65〕視聽言動，動見觀瞻，無非人也，觀人必見其所以、所由、所安者，不只在容色。此處船山自較朱熹為精審。對於「恭己正南面」一句，他作了很深入的詮釋：

> 「恭己」者，修德於己也。「正南面」者，施治於民也。此皆君道之常，不可謂之有為。然則巡守、封濬、舉賢、誅凶，自是「正南面」之事。〔註66〕

是以孔子稱揚舜之無為，乃言其紹承堯之文章，而無所創制立法者。舜有所為，所為者：「恭己」、「正南面」，恭己以修身，正南面以治其民，朱熹所謂：「聖人德盛而民化」之意。船山就《集註》之基礎，以朱熹之見解為本，糾舉其失當之處，並豁顯真義，以免後人於此不察，矇矓判去，而歧入於異端之學。

國事如麻，千頭萬緒，非一時可舉措至足，事有輕重緩急，故有權衡以先後之序，此子貢有所問於孔子者。子貢問政。子曰：「足食。足兵。民信之矣。」子貢曰：「必不得已而去，於斯三者何先？」曰：「去兵。」子貢曰：「必不得已而去，於斯二者何先？」曰：「去食。自古皆有死，民無信不立。」(〈顏淵篇〉) 船山以為「子貢問政，問立國之規也。」「欲求施為之次序，以因時而善用之。」〔註67〕是大綱問，而非緣於國勢危殆，而作君民同盡之計。據此，他對《集註》中朱熹針對「足食、足兵。民信之矣。」所作之詮釋：「言倉廩實而武備修，然後教化行，而民信於我，不離叛也。」以及針對「自古皆有死，民無信不立。」所作之詮釋：「民無食必死，然死者人之所必不免。無信則雖生而無以自立，不若死之為安。故寧死而不失信於民，使民亦寧死而不失信於我也。」有所不滿。他說：

> 《集註》兩釋「信」字，俱加「於我」二字，亦似贅出。子曰：「民無信不立」，不云「民不信不立」，則非信於我之謂，審矣。《集註》又云「失信」，一「失」字尤不安。言「失信」，則是有所期約而故爽之。看來，子貢問政是大綱問，非緣國勢危而號令期約以相救，則又何期，而又何失乎？〔註68〕

〔註65〕同前註。。
〔註66〕王夫之：《讀四書大全說》，《船山全書》第六冊，頁822
〔註67〕王夫之：《四書訓義，卷十六，論語十二》，《船山全書》第六冊，頁695。
〔註68〕王夫之：《讀四書大全說》，《船山全書》第六冊，頁775。

聖人之爲教，雖是緣事因人，但有其普遍義，恆久義。《論語》之爲經典，乃在其能執經而爲常用，非只是權變之道，徒爲富彊之術。且聖人之教，不只是抑禍補罅，更有剛健積極之用；不爲御民之道，而在彰德化之功，故他接著說：

> 此「信」字，是盡民之德而言，與《易》言「履信」同。……孟子
> 所謂「恆心」者是也。〔註69〕

「信」者，義在「誠實」，民以德化，教以敦信，而使其能盡其善性。故船山以爲「信之」中「之」字，非專指在位者及其所施號令，「亦要君之所以教民者而概言之。」

　　針對「必不得已而去，於斯三者爲先？」二句，船山亦深入從文章脈絡，及制度面上考掘義理，他說：

> 「必不得已而去，於斯三者何先」，謂必不得已而有所去矣，於其所
> 不去者，當以何爲先務也。先者，先足，非先去也。去者，不先之
> 謂耳。唯或先兵，或先食，或先信，則去者可以緩待後日。倘云先
> 去，則豈去兵之後乃去食，去食之後乃去信乎？

於此二句，若不細加斟酌，多易錯看一「去」字，而以爲是「已有而故去之」者，國之有強兵足食者，不必於信有害，故何必捨而去之？又子貢乃問以爲政之緩急輕重之序者，故亦不可做臨亂邦危政，而不得不爲之應變之計，「徒議銷兵棄粟於危亡之日，其不足有爲甚矣，子貢亦何屑爲此童昏敗亡之君臣計耶？」。〔註70〕此章既爲子貢之問孔子以爲政之大綱者，故船山以「先」爲「先足」；以「去」爲「不先」，在詮釋上，至爲精闢獨到，此又爲朱熹所不及者。

二、深入考掘文本以更明原義

　　船山對大家殊無異議，習成見以爲己知之章節，亦能提出深透的見解，透過詮釋，讓我們窺得更廣而深的意蘊。如：〈衛靈公篇，有教無類章〉，《集註》如是詮解：「人性皆善，其類有善惡之殊者，氣習之染也。故君子有教，則人皆可以復於善，而不當復論其類之惡矣。」對於「類」字，後人多指爲階級、品格、天賦、氣質等類別上之差異。人以爲孔子胸懷天下，心念蒼生，

〔註69〕 同前註。
〔註70〕 王夫之：《讀四書大全說》，《船山全書》第六冊，頁776。

故於人不論其善惡，而有所教，是謂「有教無類」。

依船山之見：

> 惡人必不游君子之門，而君子必不取惡人而教。其行乎其所行，止
> 乎其所止，與天之不以人之聰明畀之鳥獸，其揆一也。〔註71〕

若對於受教者不加揀擇，不復論其類之善惡，則易流為與釋氏「眾生無邊誓
願度」者同，勢必「徒有其言而必不能踐」，此必不合於儒學之真精神者。再
者，「聖人之教，洋洋優優者，待其人而行，廣大高明，精微敦厚，必不合流
俗而同污世。」〔註72〕不類釋氏以輪迴果報說教，取下愚者之俗情所畏恐所
歆羨者，迫脅之誘引之，強惡人而使之為善。

據此理路，船山就文本深入闡述，他說：

> 夫言「有教」者，言君子之有其教也，非謂盡人而有之以為教也。「教」
> 之為言，非授也，以言乎所以誨人之條教也。其言「類」者，言教
> 也，非言人也，言君子設教以教學者，其為道也：高者無所私授，
> 卑者無所曲引；示之以大中至正之矩，而不徇以其類，或與深言之
> 而或與淺言之也。〔註73〕

常人以為孔子於人無分善惡、賢愚悉有所教，就「人」作為施教對象之理解，
船山將之導向於施教內容與目標上。是以孔子有所教，於「教」無「類」，而
非於「人」無「類」以教。

教育乃立國之大本，孔子之志業，其一生誨人不倦，《論語》一書中所言
「教」者甚多。就其不倦無厭之教學精神，眾人常徵引諸如：「自行束脩以上，
吾未嘗無誨焉！」（〈述而篇〉）「與其進也，不與其退也。唯何甚！人潔己以
進，與其潔也，不保其往也。」（〈述而篇〉）二章以為證，或以為孔子於施教
者，無論對象無所不教。

但束脩者無「自行」以上之行，互鄉之童無「潔己以進」之心，孔子必
不教，可知孔子甚重視受學者之學習心態和動機，若無此二者之主動和求善
之精神，必不以教。

聖人不以無本立教，必求上遂調適於道，再下而化育裁成，故道本一，
下學以上達。於此，孔子平日之教，一以貫之，咸同而無別，未嘗以萬殊分

〔註71〕王夫之：《讀四書大全說》，《船山全書》第六冊，頁839。
〔註72〕同前註。
〔註73〕王夫之：《讀四書大全說》，《船山全書》第六冊，頁839。

貫以教眾人，故曰「無類」。船山說：

> 故博文、約禮，所以教眾人之弗畔，即以教顏子之竭才；下學之即
> 以上達，而無不上達之下學也。有其已高已美，而不可引之以近；
> 有其極博極詳，而不故與之略。若分類以教，則道本一而二之，教
> 之乃適以迷之矣。夫之之言此，以闢立教者之無本徇物，而止望教
> 者使可企及之妄冀。〔註74〕

此船山能獨出新意者。

春秋時，周王室陵夷，諸侯放恣，徵逐天下，崇武尚力。以修禮樂求文
治天下者，所在少有。孔子於此亂世，倡禮樂治國，以為唯德化感人至深，
而民可治，國乃安，天下一家，敦睦修平。子擊磬於衛。有荷蕢而過孔氏之
門者，曰：「有心哉！擊磬乎！」既而曰：「鄙哉！硜硜乎！莫己知也，斯己
而已矣。深則厲，淺則揭。」子曰：「果哉！末之難矣。」（〈憲問篇〉）

時世不與，君子修身立己以俟，故孔子周遊列國，不見用於諸侯，仍不
忘與門弟子修習禮樂。此荷蕢者所以言：「有心哉！擊磬乎！」乃因聖人之心
不或忘天下，不以困窮而易之。《集註》曰：「此人聞其磬聲，而知之，則亦
非常人也。」朱熹蓋以為樂聲乃人情之宣揚，荷蕢者聞樂，而知孔子之志，
故知其非常人也。

船山先從音樂本身來梳理，以考掘其正意。船山以為磬在樂團中，乃是
定板合節之用，猶如後世之拍板者，「磬之為聲，古人以為樂節。」以磬之材
質言之，其以石為材，故可知其拍擊不易有餘韻，此不若琴瑟笙簫者，自難
摹深長之思。所以他說：「荷蕢者雖達樂理，亦何能以此而見聖人之志哉？」

再者，從樂團之編制來看，擊磬拍板，乃統領、指揮樂團之職司，孔子
擊磬，蓋統領弟子修習禮樂，此荷蕢者所見之者。故荷蕢者之歎，蓋緣事而
歎，非見志而歎，此理明矣。船山說：「《集註》之說深妙，而不稱其實。」

荷蕢者與長沮、桀溺以及荷蓧丈人皆為辟世之士，於天下滔滔之時，遁
隱山林。此等一曲之士，雖能安於貧賤，不同流合污，但不免任氣而自適，
以一己之知，成乎一己之意，於君子觀之，亦何難之有？故孔子言：「果哉！
末之難矣。」聖人之難，難在能通天下之志，並能成天下之務，朱子言：「聖
人心同天地，視天下猶一家，中國猶一人，不能一日忘也。」，船山以為此只
能視作是對孔子之贊語，而「非實指出難處」。「君子之出處，精研之而惟恐

〔註74〕王夫之：《讀四書大全說》，《船山全書》第六冊，頁839。

知之未當，愼處之而惟恐行之未宜，參乎天之時，因乎道之數，達乎人之情。」
〔註75〕只此實見得聖人之難處。

船山漢、宋兼修，於名物、史實亦能詳加覈考，故往往於此，亦能較《集
註》之見，超越而深化之。

子曰：「晉文公譎而不正，齊桓公正而不譎。」（〈憲問篇〉）《集註》：「二
公皆諸侯盟主，攘夷狄以尊周室者也。雖其以力假仁，心皆不正。」

在史觀上，船山依其所建立的「人性史哲學」，以「治統說」和「道統說」
來對「正統說」作出批判。歷史上朝代興替，治亂相仍，是以無論在時間上，
或是空間上，自無長久合而不離、續而不絕之「統」。而「正」，船山是關連
著《春秋》大義來講，他說：

> 天下之生，一治一亂。當其治，無不正者以相干，而何有於正？當
> 其亂，既不正矣，而又孰爲正？有離，有絕，固無統也，又何正不
> 正之云邪？以天下論者，必循天下之公，天下非夷狄盜逆之所可尸，
> 而抑非一姓之私也。惟爲其臣子者，必私其君父，則宗社已亡，而
> 必不忍戴異族以爲君。若夫立乎百世以後，持百世以上大公之論，
> 則五帝、三王之大德，天命已改，不能強繫之以存。故杞不足以延
> 夏，宋不足以延商。夫豈忘禹、湯之大澤哉？……
>
> 蜀漢正矣，已亡而統在晉。晉自篡魏，豈承漢而興者？唐承隋，而
> 隋抑何承？承之陳，則隋不因滅陳而始爲君；承之宇文氏，則天下
> 之防已亂，何統之足云乎？無所承，無所統，正不正存乎其人而已
> 矣。正不正，人也；一治一亂，天也；猶日之有晝夜，月之有朔、
> 弦、望、晦也。〔註76〕

是以船山所謂的「統」，是繫於人心之正否，而非歷史譜系上的傳承、延續。
緊扣此，他提出「治統說」和「道統說」。「天下之生，一治一亂，帝王之興，
以治相繼，奚必手相授受哉！道相承哉！若其亂也，則天下無君，而治者原
不繼亂。……王者褒崇先代，隆其後裔，使修事守，待以賓客，豈曰授我以
天下而報其私乎？德足以君天下，功足以安黎民，統一六宇，治安百年，復
有賢子孫繼以飾治，興禮樂，敷教化，存人道，遠禽獸，大造於天下者不可

〔註75〕王夫之：《四書訓義，卷十八，論語十四》，《船山全書》第六冊，頁816。
〔註76〕王夫之：《讀通鑑論，卷末，敍論一，不言正統》，《船山全書》第十冊，頁275
～276。

忘，則與天下尊之，而合乎人心之大順。」〔註77〕於此可知，船山是由德、功兩個面向做爲判準來說明治統的。

基此，船山不贊同「貴王賤伯」之說，「孟子曰：『以力假仁者伯』，又云『五伯，假之也』，凡此皆統論五伯之詞，而要未可以定齊桓。何以知之？即以夫子許以正者知之也。若王則必貴之，伯則必賤之，凡言伯者無不賤，因而小伯者之事功，而以王業之成爲湯、武之所可貴，此又非已。」〔註78〕

齊桓公即位（前六八五年）於春秋中期，推動政治、軍事、經濟之改革，倡「尊王攘夷」。齊桓公曾北伐山戎以救燕，平定狄亂以存邢、衛，解王室之禍，而定周襄王之位。公元前六五六年，齊桓公率魯、宋等八國軍隊，征伐楚國，在召陵（今河南郾城東北）迫楚訂盟，阻其北進，奠立霸主地位。公元前六五一年，齊桓公大會諸侯於葵丘（今河南蘭考），與會者有魯、宋、鄭、衛、許、曹等，周天子亦派人參會。齊桓公在位四十三年，糾合諸侯凡二十六次。齊桓公在管仲輔佐下「霸諸侯，一匡天下，民到于今受其賜。」（〈憲問篇〉）船山說：

> 桓公之入齊，在無知既誅之後，而據立長以承宗祧；其伯也，定世
> 子之位而嫡庶辨，致戎荊之討而夷夏分，無非正也。〔註79〕

齊桓公能繼王道之終，正人心，維世教，至其歿，而德在人心。故孔子以「正」許之。

〔註77〕 王夫之：《讀通鑑論，卷二十二，唐玄宗》，《船山全書》第十冊，頁 851～852。
〔註78〕 王夫之：《讀四書大全說》，《船山全書》第六冊，頁 802。
〔註79〕 王夫之：《四書訓義，卷十八，論語十四》，《船山全書》第六冊，頁 784。

第六章 結 論

第一節 本論文的意義和價值

　　關於船山學的研究，前賢先進不乏其人，研究進路多元而全面，論文撰述更是連章累篇。但船山學思體系偉岸廣博，對於其學說思想的研討探究，至目前其實都還只是開端和起始罷了，仍有許多值得深入的領域。對於船山的思想義理和方法意識，前賢先進已有了很豐碩的研究成果，成為我們今日研究船山學時，必定要研讀參酌的資料。但至今尚無就船山之方法意識上的特點，依詮釋學的角度，以某一船山著作來做深入地探討和分析者。故本論文的價值，在於以船山有關《論語》的詮釋著作，從他「明人道以為實學，欲盡廢古今虛妙之說而返之實。」〔註1〕詮釋觀，以及以批判為手段，以重建為目的之詮釋進路，凸顯出他「造乎其道」的詮釋特色。進而也欲藉此論文之寫作，在對西方「詮釋學」以及「詮釋傳統」進行了解之同時，也掌握近年來，前賢先進對如何建立「中國詮釋學」所為之嘗試和努力，以及他們已獲致之成果，並於其中梳理出「中國詮釋學」未來的可能和向度。

　　經典自有其歷史性，對於「經典詮釋」或是「經典詮釋傳統」，我們應將詮釋者對文本所從事的詮釋活動，包括歷史背景、思想架構以及文本脈絡等充分揭示出來，並藉由此而勾勒出詮釋者的詮釋觀點。本論文即以船山有關

〔註 1〕 參見第一章緒論〔註1〕。

《論語》的詮釋著作爲基點，從時空背景、文本脈絡來尋繹其思想淵源，還原其問題意識情境，對船山在詮釋經典時，回歸原意與創新思想之間的張力，及體驗之道，這些饒富詮釋學意味的特點，進行深入地剖析，進而貞定其義理性格，並於此勾勒出彼此會通之處。

船山處於世代交替之際，在蹈空的學風下，提出實學之要求。作爲一有政治取向的詮釋者，以注疏經典，寄寓政治抱負，對時代所面臨的現實困境，提出解決的方案。

因時運際會和一己學術上的自覺，船山能兼採漢、宋之長，考據、義理並重。在方法上，揭櫫忠於文本與原意的讀經態度，治學重考據以徵實。在思想上，船山亦有積極的超越意義，對士風及思潮，做全面的反思和探討，著重人倫日用與經世致用。

明末清初，爲學術轉型期。但若只著意於學術重心的轉移，以及問學方法的革新，則勢必忽略其政治面向。反理學，就儒學而言，在外在進路上，是對釋老的批駁；在內在理路上，則是對王學末流空談心性的矯正，無論是動機，或是目的，兩者都匯合在救亡圖存的政治目的上。船山之於釋老，之於理學末流的批駁，亦措意乎此。

船山訶斥佛老爲異端，因其不合儒學之實學要求，故以詮釋活動作爲維護道統的武器，批駁佛老。於宋明諸儒，則攻陸王尤烈，於程朱在關鍵處，亦不假辭色。其於陽明之學，批駁其但顯心之創造性本體，徒依恃良知，卻不注重學問，不重視道德事業之眞實開展，致使無法循歷史進路，以人爲首出，成就眞實事業。

船山的《四書》注疏，主要以朱熹的《四書集註》作爲底本，除了代表對朱子的服膺和推崇之外，也欲破除朱熹被立爲官學後，時人的盲目獨尊，以致經義廢置，學術日趨功利庸俗的現象。船山廣博地徵證，以事實論辯，使《論語》擺脫政治的附庸地位，去除制舉的功利目的，以回歸學術正軌。

船山並不因人廢言，也不因人而立論，對於朱熹的《四書集註》，他是「否定式地修正」，〔註2〕「經義固必以《章句集註》爲備，但不可背戾以浸淫於異端。若《註》所未備，補爲發明，正先儒所樂得者。」〔註3〕以批判加以繼

〔註 2〕 侯外廬教授語，語見侯外廬：〈王夫之對於傳統學說的發展〉，《中國思想通史》第五冊，（北京：人民出版社 1956 年），頁 43。

〔註 3〕 王夫之：《薑齋詩話，夕堂永日緒論外編》，《船山全書》第十五冊，頁 854。

承，以事實據以評價，使船山得擺脫《論語》研究宗派門戶的束縛，於學術上自成一家。

　　本論文在對船山有關《論語》注疏進行探討之前，先點明時空座標，以凸顯船山何以在《論語》注疏如林的經典詮釋傳統中，仍矢志著述。接著就船山現存五部有關《論語》注疏的著作，分析寫作時間、背景，並勾勒其內容，撮其大要，進而比較其風格和特色。大體而言，其中《四書稗疏》、《四書考異》二書，屬訓詁、考證之作，漢學風格濃厚，篇幅不大，但考據工夫綿密紮實。而《四書訓義》乃授課講義，主要依朱熹《集註》來訓釋義理，既是用以啓迪後進，故內容極爲詳盡平實，篇幅在諸相關著作中也是最長的。該書中對佛道以及朱熹《集註》，雖亦有不滿之處，但批判時多屬輕描淡寫，且都只在一章之末作隨機的點醒。論個人風格和特色，《四書箋解》、《讀四書大全說》二書毋寧是最足爲代表的。《四書箋解》是船山在督課之餘，爲免諸生受時藝講章之荼毒，隨書所作之箋解，篇幅雖短小，但精悍有餘，充滿了批判性。此書在思想上較近於《讀四書大全說》，只是有詳略之別，不拘守朱熹《集註》，而能有一己之觀點。《讀四書大全說》是船山有關《四書》著述中，最爲重要，他的學思、襟懷，於此書最能透晰地表露，可說是研究船山學不能不熟讀之鉅作。該在文字上風格獨具，有些章節如詩歌般，饒富詞藻的異采以及境界的玄奧，如：針對〈雍也篇・知者樂山章〉，船山有段文字說：「水濱以曠而舒，魚鳥風雲，清吹遠目，自與知者之氣相應。山中以奧而氣斂，日長人靜，響寂陰幽，自與仁者之氣相應。氣足以與萬物相應而無阻，曰動。氣守乎中而不過乎則，曰靜。氣以無阻於物而得舒，則樂。氣以守中而不喪，則壽。」〔註4〕讀來令人品味再三；於辨道、說理，則又能辭氣凜然，磅礴無礙，使人涵泳於心。在內容上，從書之命名，可知是針對《四書大全》所作之批判，此書不僅對船山所謂之異端佛道二家作出批判，亦對理學之末流之援佛道入儒者予以撻伐；若《四書大全》中所引諸注家，於聖道有不合轍之處，爲維護正學，亦不假辭色指斥之；對於朱熹《集註》或《語錄》，倘存未盡或有失之處，船山均加以匡正演繹。

　　漢、宋兼採的治學態度，批判及反思的詮釋目的，是息息關連著船山的身世和自省的，這股主動積健的精神，使得他人格偉岸，學思獨到。本論文第四章先從船山作爲一個闡道者的角色，探討他如何闡發經義，使能合乎聖

〔註4〕王夫之：《讀四書大全說・雍也篇》，《船山全書》第六冊，頁690。

心、聖道。首先以船山有關讀《論語》的心法，或所謂的方法論意識，作為導引，指出「普世法則」、「貼切原意」和「實踐精神」三個面向。接著了解閱讀《論語》時，就文理脈絡該有的結構性掌握，提綱後再予舉目，從字形、字音和字義，來掌握船山為了考掘《論語》的真實義蘊，如何從事精密透闢的考證工夫。

依訓詁而義理的次序，接著探討船山作為護教者，為維護道統、正學，對佛老、理學末流所作的批判性的詮釋活動。佛老作為一個思想的流派，船山並非定要去之而後快，且能「因而通之」。〔註5〕「出入佛老」，更是那時代大部份學者都曾有過的歷程，船山晚年亦能會通釋莊，浸淫百家，可看出他對學術兼容並攝的態度。船山所不能容赦於心者，儒者之援引佛道詮釋儒家經典，如此不僅有悖於聖道，更進而造成心性之蹈空，生命力的萎靡，致使國族文化的隳墮。所以船山批判異端，就對象言是直接針對當時理學末流而發，批判其忽視儒學「下學而上達」的踐履精神，但求心性修養，而無道德實踐之功。就末流之失而言，佛老為其根源性的影響因素，故船山必須予以批判。本論文第五章從心學之失的幾個角度：「立體而廢用」、「毀棄人倫物理」、「離行以為知」等，來深究船山針對佛老以及理學末流所從事的護教詮釋活動。

船山自許於六經能「開生面」，詮釋活動的創發性彌足可貴，因其對經典之義蘊產生增生的作用，讓經典與時代能同聲共息。第五章第三節論及船山就朱熹《集註》，如何匡正，以使其更能合乎《論語》原義。以及船山有何獨出機杼之處，對於人所熟知並以為深得其義的章節，作更深入的詮釋，於此最能識得船山靈慧之眼與忠悃之心，而此二者又是緊縮著道統和世運的。

第二節 本論文的侷限和期待

本論文寫作的內容，著力於船山立足的時空背景、學思使命的探究，以及他如何以經典詮釋作為反省的手段和批判的武器，藉以表達他對政治局勢和文化慧命的關注。船山以為讀《論語》別有一法在，而不同於《學》、《庸》，實則亦著重其實踐精神者。故本論文的寫作，在義理上，對船山的哲學思想體系著墨不多，一則是研究取向使然，一則因個人學思能力之不足。在本論

〔註5〕王夫之：《莊子通・敘》，《船山全書》第十三冊，頁493。

文論述中，有關涉及義理者，亦以取法乎上的態度，不避人之所已有，多引前賢先進之研究成果據以佐證，而少有個人之發見，是爲本論文的侷限。

　　無論是「經典詮釋」或是對「經典詮釋傳統」的理解，現今我們在面對這些詮釋學重要的課題時，不可避免地，必須援用西方詮釋學已有之語言、概念和法則，才能較明晰地掌握和闡述經典。許多人因而憂心忡忡，以爲就某種程度而言，這是文化主體性的喪失。但無可諱言的，現今西方的思考模式、哲學語彙，是我們面對經典，無論是閱讀（當然閱讀亦是一種詮釋的活動）和詮釋時，既無從迴避，而又必得具備的能力。置身傳統與現代、東方與西方廣泛交流、相互衝擊的時代，我們必須探討國學研究新的進路和拓展新的視野。我們對於「經典詮釋」的研究。只有充分借鏡西方詮釋學的理論和方法，從其中獲取足夠的理論資源，對傳統經典的詮釋理論和詮釋實踐，進行深入地分析、歸納和研究，才能獲致理想的成果。

　　如是，可能由於橫向空間的移植轉接，因缺少縱向文化傳統繼承的連貫性，加之操作上可能之不當，而使我們喪失了對經典的深刻了解和體會，甚或由於脫離原有的傳統脈絡，而造成意義上的貧瘠。因此在以西方的詮釋理論和方法，參照討論中國傳統詮釋傳統時，我們不能不留意彼此存有著的異同，及不能比附之處。但宏觀而言，當各種西方概念和方法在翻譯、引介至華文世界時，亦化生爲新的文化資源，新的詞彙，多元化的思考方式，亦可豐富中華文化的內涵。文化的會通交流，絕對是加法，甚至是乘法，而不是減法，在中國的歷史上，佛教文化的傳入以及中土化，就是最好的例子。湯一介先生認爲：

> 眞正的「中國解釋學理論」應是在充分暸解西方解釋學，並運用西方解釋學理論與方法對中國歷史上注釋經典的問題作系統的研究，又對中國注釋經典的歷史（豐富的注釋經典的資源）進行系統梳理之後，發現與西方解釋學理論與方法有重大的甚至是根本性的不同，也許才有可能成爲一門有中國特點的解釋學理論。〔註6〕

　　現代我們談中國經典的詮釋，離不開對詮釋方法的探求。方法涉及兩個層次：一是具體解決問題的技術和辦法；而較高一層重點是原則的掌握，指的是普遍的、客觀的形式和法則。從「方法」進入「方法論」，除了通過一個

〔註6〕湯一介：〈三論創建中國解釋學問題〉，《北京：中國文化研究》2000 年第 2期。

具體的技術的掌握，再進而抽繹出其中的客觀法則性之外，若再往上追溯，是由各個方法統攝起來的本源掌握，由此而展開理解、反省、批判、重建的系統活動，是為「方法論」。當我們往上調適而上遂於道，由於經驗的覺知及對道體的契悟，就有一個恰當的心靈意向（intention），而對方法有一恰當的理解（understanding），是為「方法論意識」。

理解和詮釋經典的過程，其實就是讀者或詮釋者與經典對話的過程，在這過程中，一個好的提問，自可將經典中重大的意蘊中召喚而出。但一個正確的問題意識，當是同時必須具備反省和自我批判能力的，如是方不至因「先見」之作用，而產生意義上可能的衝突和誤解。所以好的問題意識，必然兼及二者：一是詮釋者要知覺到，他與經典站在不同時代的對話基礎上，而必須對經典本身的思考的特性和關懷的問題，一定要有予以尊重。所以要借重訓詁考據的工夫，克服詮釋者與經典之間，因時空所造成的「語言」和「脈絡」的斷裂問題。一是詮釋者的詮釋活動，必須要能其身處的時代和一己的生命經驗相呼應，並能對未來有所啟發。

中國經典詮釋的特點，在於它是詮釋者與聖賢對話的過程，藉由此過程與聖賢之心相契，以領悟經典，在「內化」之外並力圖實踐。所以有了一個正確的方法論意識，參酌之以可落實的方法論，以及有效的方法，上而調遂，下而開顯，從思想史的角度，探求船山認知、學習與實踐活動的前提和假設，並指出這些前提假設與現代觀點的異同，才能真正掌握船山學的特色，並由之深入堂奧。如是，普遍義和時空義、正學與創新兩橛之間的張力，在我們詮釋經典時，反成為豐潤的增生力道。

目前對於中國詮釋學的建構和研究面向，經由學者的努力，已有了初步的掌握；對於幾個經典詮釋的代表人物，如鄭玄、朱熹、戴震等的詮釋進路研究，也有相當的成果。船山這麼一位經典詮釋的大家，其重要性絕不下於鄭、朱、戴三者，期待他日，對船山在經典詮釋上的特色和價值，能有更深入的拓展和開發。

附錄一　「詮譯學」與中國經典

　　西方的詮釋學（Hermeneutics）在近十餘年受到我們普遍的重視。在字源上 Hermeneutics 源出希臘神話中的 Hermes，Hermes 是上帝的使者，腳穿帶翼的涼鞋，負責傳遞訊息。作為眾神與人間的信使，Hermes 能將逾越了人們理解能力的神諭，轉換成人們可以理解的形式 —— 人的語言。詮釋學最早即是從《聖經》（《The Bible》）的詮釋開始的，是為了要揭示昭明《聖經》中含蘊的上帝意圖（intention），通過語言加以理解的過程和方法。

　　在文藝復興和宗教革新之後，詮釋學逸出了宗教信仰上的目的，廣泛地應用在對整個古代文化的理解和詮釋上，轉而洞開了人文科學方法論的大門，舉凡哲學、史學、法學、文學批評等，都由此汲取養份。而德國的哲學家兼神學家施萊爾馬赫（Friedrich Schleirmacher 西元 1768～1834 年）是促成這一轉變的最重要、最有力的推動者，自此詮釋學成為指導人們探求經典文獻客觀意義的方法論，亦即施萊爾馬赫詞彙中所稱的「理解的藝術」（kunst des Verstehens, Art of Understanding）。

　　在中國文化中也有著源遠流長詮釋經典的歷史傳統，並且形成繁複相異的注釋方法，這些傳統都有著自己的發展模式，以及特有的承繼性，但皆存有著從傳統中尋求智慧的強烈歷史意識，而這也是中華文化得以綿延不絕、薪火賡續的動力。

第一節　從訓詁到詮釋

　　在中國有很悠久的解釋經典的傳統，並且因為對歷史傳統的重視，故有

所謂「六經皆史」的說法。古哲先賢常以注解和詮釋經典來建立自己的思想體系，孔子本身就是一個優秀的詮釋者，他自云：「述而不作，信而好古」（《論語·述而第七》）；「祖述堯舜，憲章文武」（《中庸·第三十章》）；「刪詩書、訂禮樂」，以傳述德行之道和六藝（禮、樂、射、御、書、數），保留師儒兼備，合而爲一的教化特色；「修《春秋》、贊《周易》」，而使亂臣賊子懼。通過對經典的詮釋，一方面用以傳承道統，完成思想線性延展的作用；一方面用以實行教化，與時維新，拓廣文化的影響面向。正如余英時先生所說的：「孔子一方面述而不作，承繼了詩書禮樂的傳統，而另一方面則賦詩書禮樂以新的精神與意義。」〔註1〕

除孔子外，先秦經典一直都是歷代思想家、學問家藉以思索天命、人事的基本文獻，他們也常通過對經典的注解詮釋，來建立一己的思想體系。

經典的詮釋不只是詮釋者一己思想的滲入，亦緊緊綰合了當代思潮，和政治情勢，亦即除了個人的內在思想邏輯外，還有外在的實際需求。

先秦時期，經典的注解有三個重要且不同的面向：義理闡述、歷史考證、現實摹本。義理闡釋偏重在作整體性的哲學解釋，如：《繫辭》之於《易經》；歷史考證則在對原典或原著的歷史事件，作敘述式的解釋，如：《左傳》之於《春秋》；現實摹本則把經典作政治、社會操作效用上的解釋，如：《韓非子》之於《老子》。

《繫辭》將《易經》視爲一完整哲學體系，爲一開放性的宇宙架構模式，而對其作出宇宙生成論以及形而上本體論性的哲學性解釋。這種對經典作整體性哲學解釋的方法，對後世注疏者產生莫大的影響，如：王弼的《老子旨略》、何晏的《道德論》和《無名論》。

《左傳》〔註2〕則是對《春秋》經文，作歷史事件的鋪陳解釋，而歷史的敘述者在對歷史事件進行敘述時，必然相涉及其所處時空，一己的道德學養，甚或是際遇情境，自是呈示著敘述者主觀上對某一特定歷史事件的認知觀點，亦即所謂的「史觀」，於是就有了詮釋學的意味。如：《左傳》針對《春

〔註1〕 余英時：《中國知識階層史論，古代篇》（臺北：聯經出版社，1980 年），頁33。

〔註2〕 《左傳》作者不可考，楊伯峻先生以爲其成書約在西元前 403 年魏斯爲侯之後，西元前 386 年（周安王十三年）之前。據此，《左傳》是我們現今所知最早的一部注疏之書，可知中國經典詮釋傳統，至少已有兩千三、四百年的歷史。

秋》隱公元年：「鄭伯克段於鄢」六字，作了六百三十八個字的解釋。其中除了敘述事件的源起，曲折的過程、結果外，亦有「多行不義，必自斃」，以及藉《詩經》：「孝子不匱，永錫爾類。」的文詞、語句，對歷史事件表達個人「史觀」。

　　《韓非子》中的〈解老〉、〈喻老〉則是以「法」、「術」、「勢」三者法家的思想主軸，來論證《老子》，清代魏源在《老子本義》一書中就指出：「韓非有〈解老〉和〈喻老〉，則是以刑名爲道德。」〔註3〕在〈解老〉篇中韓非多用「法」、「術」、「勢」以釋《老子》之「道」；〔註4〕在〈喻老〉篇中援引史事，以政治之興亡，君主之成敗之跡來詮釋《老子》，〔註5〕更鮮明地將《老子》視爲現實的摹本。《老子》一書中固然亦有治國之術的討論，但韓非有意忽略哲學上的意涵，而對其作「實學」的解讀。

　　漢代章句之學興，所以漢儒注經的態度是「我注六經」，著重經典原意的考掘，所以「文字」、「聲韻」、「訓詁」、「考據」逐漸成爲專門的學科。但也因而有繁瑣之弊，《漢書，儒林傳》即謂：「一經之說至百餘萬言」；《文心雕龍，論說》亦提及：「若秦延君之注《堯典》十餘萬字；朱善之解《尚書》三十萬言，所以通人惡煩，羞學章句。」

　　魏晉學風相異，「得意而忘言」，「辨名以析理」，所以魏晉文人注經的態度則爲「六經注我」，王弼開一代新風氣，〔註6〕郭象繼之，〔註7〕以簡明而帶

〔註3〕 魏源：《老子本義，序》（臺北：世界書局，1972 初版），頁 2。

〔註4〕 如：「莫知其極可以有國。」（《老子，五十九章》）則言：「夫能有其國，保其身者，必且體道。體道則其智深，其智深則其會遠，其會運，眾人莫能見其所極。「有國之母，可以長久」（《老子，第五十九章》）則言：「母者，道也。生於所以有國之術，所以有國之術，故謂之『有國之母』。」是以「術」詮釋老子之「道」。唯夫能令人不見其事極，不見其事極者，爲能保其身，有其國。」是以「法」詮釋老子之「道」。「孰知其極」（《老子，第五十八章》）則言：「夫緣道理以從事者，無不能成。無不能成者，大能成天子之勢尊，而小易得卿相將軍之賞祿。」是以「勢」詮釋老子之「道」。

〔註5〕 如：以「齊簡公失政於田成」爲例，説明「魚不可脫於淵」（《老子，第三十六章》）之理；以「晉獻公將欲襲虞，先遺之璧馬」之事，説明「將欲取之，必固與之。」（《老子，第三十六章》）之理。

〔註6〕 王弼引《莊子，外物》以釋《周易・繫辭》有云：「言不盡意，書不盡言」；在《周易略例・明象章》中又提出「得意忘言」的主張。《景印文淵閣四庫全書》第七冊（臺北：臺灣商務印書館，1986 年初版），頁 593。

〔註7〕 郭象：《莊子注》，〈逍遙遊第一〉：「宜要其會歸，而遺其所寄，不足事事曲與生說，自不害其弘旨，皆可略之耳。」〈天下篇〉「惠施多方」而下，因述施

有思辨性的方法，排除漢儒解經的繁瑣纏絞，在方法論上已有相當程度地自覺。

佛教入中土，則有「連類」、「格義」之詮解新方法，梵語佛典的翻譯問題自必相涉詮釋問題。《高僧傳‧慧遠傳》：「嘗有客聽講，難實相義，往復移時，彌增疑昧。遠乃引《莊子》義爲連類，於是惑者曉然。」〔註8〕《高僧傳‧竺法雅傳》：「以經中事數，擬配外事，爲生解之例，謂之格義。」〔註9〕是以「連類」、「格義」乃引用外書以釋佛典，即以中土舊有之認知觀念比附外來的佛教思想。但佛經中仍有許多名詞概念，無法予以比附、連類、格義的，是以又產生「音訓」、「音譯」的轉譯方法。其後玄奘將這些佛教經典的翻譯方法和原則，加以系統化地歸納整理，又豐富了中國之詮釋理論和方法。

經術既與世運相因，也就各有盛衰隆替之時。皮錫瑞在《經學歷史》一書中，將經學分爲十個時期；〔註10〕《四庫全書經部‧總序》，謂經學有六變。〔註11〕以注疏傳統的發展歷程來看，在中國學術史上大致可以分爲兩個階段：一是兩漢隋唐時期，以「五經」爲中心；一是自宋明兩代，以「四書」爲中心。從注疏的內容來看，可以區分三個時期：一是漢唐時期，側重在語言文字的訓釋，透過文獻資料的整理以求古制的重建。二是宋明時期，重在經典

之言而辨正之。郭象注云：「昔吾未覽《莊子》，嘗聞論者爭夫尺棰連環之意，而皆云莊生之言，遂以莊生爲辯者之流。案此篇較評諸子，至於此章，則曰：其道舛駁，其言不中，乃知道聽塗說之傷實也。吾意亦謂，無經國體致，眞所謂無用之談也。然膏粱之子，均之戲豫，或倦於典言，而能辯名析理，以宣其氣，以繫其思，流於後世，使性不邪淫，不猶賢於博奕者。故存而不論，以貽好事也。」（臺北：臺灣商務印書館，1983 年初版）。

〔註8〕 梁‧釋慧皎：《高僧傳》（臺北：廣文書局，1971 年初版），頁 309。
〔註9〕 同前註，頁 227。
〔註10〕 皮錫瑞的十期說：孔子刪定六經至孔子歿，乃「經學開闢時代」；孔子歿後至秦，爲「經學流傳時代」；西漢爲「經學昌明時代」，東漢爲「經學極盛時代」，魏晉爲「經學中衰時代」，南北朝爲「經學分立時代」，隋唐爲「經學統一時代」，宋爲「經學變古時代」，元明爲「經學積衰時代」，清爲「經學復盛時代」。
〔註11〕 《四庫全書總目》謂經學發展凡有「六變」，將漢至清初的經學歷史分爲六個階段；又總歸爲漢學、宋學兩個學派。依此，經學六期相當於：即兩漢、魏晉南北朝隋唐宋初、宋、元至明初、明，以及清初。其中，隋唐以前屬「漢學」，宋、元、明三朝屬「宋學」，清代則兩派爭衡。此說提出之後，江藩《國朝漢學師承記》、《宋學淵源記》，阮元《國史儒林傳序》，以及皮錫瑞《經學歷史》等，往往因襲其說，或略作損益。又，「十三經注疏」薈聚了重要的漢、唐舊疏，代表「漢學」的經解特色。朱熹的《四書章句集注》則是「宋學」最著名的經解代表。

義蘊的探求。三是有清一代，樸學倡興，注疏講求「實事求是」的精神，呼籲回歸經典。

歷代哲人、思想家都是一方面在「辨僞」、「訓詁」；另一方面也在「闡發」、「立言」。一代有一代的文化，一代有一代的精神，學術思想有其時代性，哲人、思想家也是時代的產物，詮釋活動必須要在「辨僞」、「訓詁」中「闡發」、「立言」，才有其創新的時代意義。

第二節　船山「以人爲首出，以史爲歷程，以道爲中心」之詮釋觀

我們對經典的理解，現在已是必須環繞著「經典」、「經典詮釋」、「經典詮釋者」三者的理解，這三者互涉相縝，形成「文本與詮釋者」、「文本與時代」、「詮釋者與時代」彼此之間，所謂「詮釋學傳統」的理解。本論文措意的即是《論語》，這一部中華文化主體最重要的經典，在明末清初這樣的時空背景下，船山以什麼樣的問題意識，來對之提問，而又如何呼應時代的要求。

就船山而言，人是一切詮釋活動的起點，也是問題意識的重心。他說：

自然者天地，主持者人；人者，天地之心。〔註12〕

人之所以可爲自然天地之主持者，乃因人之心乃天地之心，故天地在人而言不是一先在的天地，而是一個由人所詮釋的天地。「存人道以配天地，保天心以立人極。」〔註13〕「以人爲依，則人極建而天地之位定也。」〔註14〕以人爲首出，強調的是個人道德主體的挺立，但若船山只停留於此，必不能超越宋明理學中，以「心」爲首出，以「理」爲首出之二系者。船山重氣，他所言之氣，乃兼攝精神和物質兩個層面，而是「理氣合一」，是一「對比於心物兩端而成的一個辨證性概念」（A dialectical concept in contrast with the dichotomy of mind and matter）〔註15〕亦即唐君毅先生所謂「存在的流行，流行的存在」〔註16〕凸顯出人的「存在歷史性」（Existential historicity）。對於經

〔註12〕 王夫之：《周易外傳，復卦》，《船山全書》第一冊，頁885。
〔註13〕 王夫之：《周易外傳，復卦》，《船山全書》第一冊，頁883。
〔註14〕 王夫之：《周易外傳，泰卦》，《船山全書》第一冊，頁852。
〔註15〕 參見林安梧：《王船山人性史哲學之研究》，頁101。
〔註16〕 參見唐君毅：《中國哲學原論，原教篇》（臺北：學生書局，1990 年版），頁626。

典的詮釋，船山以爲「實踐義」和「歷程義」二者並重，透過首出的「人」而相互滲透且增潤之。

船山詮釋經典能透過歷史文化，就其意義和價值來把握，林安梧先生說：

> 船山重氣（尤其如船山這般的重氣）才能眞正與於歷史文化來討論，因爲天理的超越性及良知的内在性都不重歷程義，惟有重氣凸顯存在的歷史性才重歷程義，能重歷程義才能眞正重視歷史文化。〔註17〕

船山以爲「道」必開展於時間流之中，「道之所凝者，性也；道之所行者，時也；性之所承者，善也；時之所乘者，變也；性載善而一本，道因時而萬殊也。」〔註18〕因此，「道」因時而行，因時而變，因時而萬殊，而「人」則要「通過道之所顯的器物及在時間中開展的歷程才能締知『道』」。〔註19〕

漢、宋兼採的治學態度，或是明末清初政治局勢和學術環境所造就，而爲船山以及清初諸碩儒所重、所用。但這種方法論意識，就船山而言，是在時局中「困而思、思而得」之學思工夫，而不同於他人或後人之被動取附者。船山身處世局交替的轉折點，面對國族文化慧命的殞沒，亟思此時人如何得以安立，是什麼樣的文化歷程，讓歷史步向如此的困境；而又當如何在詮釋活動中，通過對經典以及經典詮釋傳統的理解，對其做出經世致用的實學要求，並藉由反省、批判而達至「道」的回返與穩立。

在詮釋過程中，聖意和己心、正學與生面、普世價值與時代特性，彼此間必然存有著的詮釋張力。船山採取了「兩端而一致」對比辯證思維模式，使「人」得經由「經典」和「歷史」而上遂於「道」；同時，「道」也經由「經典詮釋」和「歷史活動」而開顯於「人」。至此，張力不再是使彼此緊張、相背的破壞關係，而反成相互體證、徵驗的增生作用。

第三節　詮譯學的中國化研究

中國的訓詁學和西方的詮釋學同樣具有悠久的傳統，它們共同的目標，旨在解釋語言、文字的意義。在長遠的傳承過程中，也形成了許多共同的方法和規則。「中國經典詮釋傳統」一詞，一是指「經典」和「經典詮釋」；一

〔註17〕林安梧：《王船山人性史哲學之研究》，頁16。
〔註18〕王夫之：《周易外傳，雜卦傳》，《船山全書》第一冊，頁1112。
〔註19〕參見林安梧：《王船山人性史哲學之研究》，頁46。

是指立足現代，對「經典」和「經典詮釋」的「理解」和「詮釋」。前者著重於對歷史事實的關注，後者則側重於縮合西方詮釋理論的方法建立。

　　現在，不只是「經典」進入了歷史，甚或「經典詮釋」也走入過往，成爲歷史一部分。因此，由「經典」而「經學」而「經學傳統」，由於時間所累積、沈澱，也是『『需要』、『應該』與『可以』進行歷史敘述性的整理、理解和闡釋。」〔註20〕

　　因爲詮釋學（Hermeneutics）具有文本詮釋方法上之普遍意義，近年來，除了對西方有關大師重要理論著作的譯介之外，海內外許多華人學者，也試圖將其與中國的經典詮釋傳統進行有機結合，嘗試建立具有中國特色的詮譯學體系和詮釋學方法。舉其要者有：傅偉勳先生、成中英先生、湯一介先生、黃俊傑先生、林安梧先生五人。

一、傅偉勳的創造詮譯學

　　1972 年，傅偉勳先生〔註21〕爲國際性哲學期刊《探索》（《Inquiry》），撰寫〈老子的「道」〉一文時，面對兩千多年來汗牛充棟的《老子》相關注疏，開始了他「創造詮釋學」的構思。他以爲《老子》的道家思想，已形成高達美所謂的「歷史傳統」；而《老子》的哲學語言，亦已積澱了歷史的深度和廣度。爲了「救活」老子的原有思想，以彰顯其現代意義，並同時能予以批判地超克，而發展出現代意義的道家哲學。一種具創造性思維的詮譯學方法論，則是一個具有創造觀的詮釋者，必須要加以深切思考和採用的。

　　1974 年，他應美國哥倫比亞大學「亞洲思想與宗教」教授研討會邀請，以〈創造的詮譯學——道家形上學與海德格〉爲題，首次公開「創造的詮釋學」的主張。其後繼而鑽研高達美的「哲學詮釋學」與法國德希達的「解構理論」，使「創造的詮釋學」在理路上得到充實地發展。

　　1984～1988 年間，在海峽兩岸多次以「創造的詮釋學」爲題，發表演講。1989 年三月撰成〈創造的詮釋學及其應用——中國哲學方法論建構試論之

〔註20〕陳啓雲：〈「中國經典詮譯學的方法論」學術座談會記錄〉《中國經典詮釋傳統（一）通論篇》（臺北：喜瑪拉雅研究發展基金會，2002 年 6 月初版），頁 457。
〔註21〕傅偉勳（1933～1996），臺灣新竹人，臺灣大學哲學研究所畢業，晚年任教美國費城天普大學，著有中英文著作：《西洋哲學史》、《現代西方倫理學》、《中國哲學指導》、《從西方哲學到禪佛教》、《從創造與詮釋學到大乘佛學》、《死亡的尊嚴與生命的尊嚴》、《學問的生命與生命的學問》等書。

一〉，在文中的「前言」他說：

> 真正具有學術研究的進步性、無涯性而完全免於任何框框教條（如
> 死板的「唯心、唯物」馬列公式）的詮釋學，必須常恆不斷地統合
> 我國傳統以來的「考據之學」（或佛家所云「依文解義」）與「義理
> 之學」（或「依義解文」），也必須自我提升之爲極具「批判的繼承」
> （繼往）與「創造的發展」（開來）意義的一種我所主張的「創造的
> 詮釋學」。〔註22〕

在「結語」中提及創造的詮釋學之構想雖源出專對於《道德經》、《壇經》等哲學原典的詮釋研究，由於它具有方法論上的普遍性，當可擴充其適用的功能，廣泛地運用在思想傳統的延續、繼承、重建、轉化或現代化等等廣義的詮釋學課題之上。立場上採取「中道」，在文化傳統上能「繼往開來」。他說：

> 創造的詮釋學當有助於現代學者在培養正確處理「傳統」的治學態
> 度。創造的詮釋學就其廣義的適用度言，亦可擴延到文藝鑑賞與批
> 評，哲學史以及一般的思想研究，乃至日常一般的語言溝通、思想交
> 流、東西文化對談等等方面。我很同意哈巴馬斯在他主著《溝通行爲
> 的理論》等書一直強調著的「溝通」觀念，在社會演進（尤其通過現
> 代化往向後現代化的今日多元社會）上的多元必要性。創造的詮釋學
> 或許對於溝通理論的課題探討能夠提供一點思維資糧。〔註23〕

可說是「創造的詮釋學」最具代表性的長篇論文。

創造的詮釋學吸納了從海德格到高達美的西方詮釋學理論成果，對於舉凡現象學、辯證法、實存分析、日常語言分析，以至中國傳統考據之學與義理之學，乃至教相判釋、勝俗二諦、言詮方便等大乘佛學的方法論亦多有融貫，在學術上有豐厚的背景，是以創造的詮釋學具有辯證的開放性格，會通東西哲學的方法論，作爲自我修正、自我擴充的源頭活泉。

創造的詮釋學共分成五大辯證層次：「實謂」、「意謂」、「蘊謂」、「當謂」、「創謂」。「謂」源出西方語言，意近於「predication」有「論斷」、「斷言」之意。

在「實謂層次」，主要在探問：「原作者（原典）實際上說了甚麼？」是詮釋的基源和起點，爲詮釋活動的展開提供盡其可能的真實可靠的材料，近

〔註22〕傅偉勳：《從創造的詮釋學到大乘佛學》（臺北：東大圖書公司，1990年），頁
46。

〔註23〕同前註，頁18。

於中國傳統的考據學。主要的任務在原典校勘、版本考證與比較等校讎學的課題，也類同於西方 Philology（語文文獻學）的傳統。這種作法預設原典的相對可靠性，可較客觀忠實承載思想和史事，才得以進而爬梳其中的意涵，推求其理論架構。

「意謂層次」主要在探索「原思想家（或原典）想要表達什麼？或他所『實謂』著的真正意思是什麼？」在此詮釋者的主體性效應開始展現，亦即進入狄爾泰所謂的「隨後體驗」（Nacherleben）。通過語意、脈絡分析等方法，專就語句在特定的語境和脈絡，分析其脈絡意涵；也要設法了解作者的學思歷程、時空條件，給予一種「現象學的記述」，盡量「如實客觀」地探問其意向、意指。但在此層次的所做的平面分析，無法真正考掘經典經由歷史積澱而深化的義理蘊涵，因此我們必須探問：「原思想家（或原典）可能表達什麼？」或「他所說過的可能蘊涵什麼？」

「蘊謂層次」已跳脫文本，通過思想史對經典作詮釋進路的探討，亦即進入所謂「歷史意識」的領域，對詮釋文本做歷程的考察，對承繼者的思想做關聯性的探討。例如傅先生曾總結古今有關老子思想義理蘊涵的不同看法，歸納出五個詮釋進路：莊子、王弼以來的正統道家進路；韓非子以來的法家進路；聯貫《孫子》兵法的兵家進路；社會倫理思想進路；道教詮釋進路。通過中國思想史的徵驗，特重形上學的莊子之道家哲學進路，顯得最強而有力，而倫理學、人生哲學、政治社會思想以及軍事思想的詮釋進路，則是皆建立在《老子》形上學的基礎上，「道」的形上學，才是老子思想的義理根基。

「當謂層次」主要在追問：「原思想家或原典（本來）應當表達什麼？」或「創造的詮釋學家為原思想家或原典應當如何重新表達，以便講活原來的思想？」亦即要在不同的詮釋進路，不同的義理蘊涵中，根據一己的洞見與判斷，進行批判性的比較考察，設法考掘其深層結構，從中豁顯深層意蘊和根本的義理。

在「創謂層次」，詮釋者的終極課題是：「為了解決原思想家未能完成的思想課題，我現在必須『創謂』什麼？」此一層次最足以體現詮釋學的創造性，經由以上不同層次的思維歷程中形成自我的轉化，亦即詮釋者在此已從批判的繼承者轉而變為創造的發展者，從詮釋者的身份升格而成為思想家的身份。中外深具獨創性的思想家，多半亦曾是一富創造性的詮釋學家，如：西方的亞理斯多德、斯賓諾莎、休姆、康德、黑格爾、尼采、胡賽爾，以及

海德格；中國的莊子、孟子、智顗、慧能、朱熹、王陽明、王夫之，以及當代新儒學的開拓者熊十力、牟宗三。

傅偉勳先生運用「創造的詮釋學」，分別對《老子》、《壇經》、《大乘起信論》〔註24〕等儒學和佛學經典進行解讀。對老子的「道」，在「意謂層次」依語意疏解，應用層面分析法，先分辨「道體」與「道相」，再進而析理出「道原」、「道理」、「道用」、「道德」、「道術」五層意涵。同樣在「意謂層次」，對《大乘起信論》就析理出十八門義理。其豐富的詮譯方式和思想上的擴充性及延展力，往往是洞見新意迭出，令人欽佩。

傅偉勳先生在〈創造的詮釋學與思維方法論〉一文中，期許自己在五年完成類似高達美的詮釋學名著《真理與方法》般，一部有規模系統的「創造的詮釋學」專書，惜天不假年，未能克盡其功。

二、成中英的本體詮釋學

美籍華裔學者成中英先生，〔註25〕在論及「中國哲學如何現代化和世界化」時，認為西方哲學近八十年來思想潮流，其中有五大主體：現象學（phenomenology）、結構主義（structuralism）、哲學詮釋學（philosophical hermeneutics）、辯證學（dialectics）和實用主義（pragmatism）。若將之視為方法學上的主張，這五大思潮能啟示五種不同的方法和程序，也代表五種思考層次及階段。成中英先生指出：「用於中國哲學的思考與研究，我們不妨先進行意識及意義的現象學分析，再進行邏輯及概念結構的分析，然後進行融冶本體、邏輯及語言的詮釋並分析，進而觀察其動態的辯證性並分析之，最後相應於社會及個人行為分析其實用價值及其實用性根源。」〔註26〕

〔註24〕 〈《壇經》慧能頓悟禪教深層義蘊探〉、〈《大乘起信論》義理新探〉二文收錄在《從創造的詮釋學到大乘佛學》一書。

〔註25〕 成中英，西元1935年生，湖北省陽新縣人。國立臺灣大學畢業，美國華盛頓大學哲學碩士，哈佛大學哲學專業哲學博士。任教於美國夏威夷大學哲學系逾二十八年，現任哲學系教授。曾任國立臺灣大學哲學系客座教授兼系主任與哲學研究所所長，美國紐約大學哲學系訪問教授，臺灣中央研究院客座研究教授等職。主要研究當代分析哲學、詮釋哲學、先秦哲學與宋明理學。近年致力發展本體詮釋學、《易經》哲學、中西哲學融合與中國管理哲學，頗著成效。近年主要著作有：《儒學哲學與新儒家哲學的新向度》（英文）、《中國哲學的現代化與世界文化》、《知識與價值》等。

〔註26〕 成中英：〈如何重建中國哲學〉，《中國哲學的現代化與世界化》（臺北：聯經

　　本體詮釋學（Onto-Hermeneutics）為成中英先生所創，緣起於他對朱子
方法學之研究，以及對現代各派詮釋學，自黑格爾、貝蒂、胡塞爾、海德格、
高達美、哈伯瑪斯等人以來，思想批判的綜合。〔註27〕而著重於詮釋的本體
論意蘊，則較接近海德格、高達美之哲學詮釋學理路。他認為「本體」在中
國哲學中具豐富內涵，既是歷史的根源，亦為思想的體系。「本體」是一種
意識或存有，基於時間性的根源所產生，是人類整體性的生活體驗，不同於
西方靜態的存有，它是動態的，得與主體進行有機地聯繫，不僅不排斥人的
主體性，也包含了人之活動的一切層面。「詮釋學以一個歷史傳統、文化現
象、知識體系或哲學系統為對象，做身歷其境的意義的體現，並透過創造性
的概念，掌握對象主體所含攝的生活經驗及生命真實，以及其指向的本體。」
〔註28〕和西方近代哲學昌熾的工具理性不同，在中國哲學中追求方法，不必
也不能揚棄「本體」。是以，中國哲學的「本體」必然是詮釋性的，有主觀
感知的理解、認識以及評價的滲入，反之，意義系統的任何解釋也都必然要
進入「本體」的視域，此即熊十力先生所謂之「體用不二」。他說：

> 本體詮釋學不僅要解釋已經存在的本體思想，而且要開闢新的本體
> 世界。就像用詮釋學來解釋歷史性和藝術性一樣，它不但要說明歷
> 史事件和藝術品的發生條件，而且還賦予歷史和藝術以新的意義。
> 這種詮釋本身即是本體的活動，詮釋本身即是本體的活動，詮釋同
> 時也把本體和方法、真理和方法統一起來。方法是一個辯證的過程，
> 同時也是一個真理呈現的過程。〔註29〕

　　成中英先生將「本體詮釋學」劃分為兩大階段：一是「本體意識的發動」
階段，一是「理性意識的知覺」階段。「本體意識的發動」包含：「客體獨立
性」、「客體完整性」（以上為理的原則）、「知的實現性」、「意義和諧化」（以
上為知的原則）。「理性意識的知覺」包含：「現象分析」、「終極意義」（以上
為本體）、「邏輯與語言」（形式）、「歷史發生」、「效果分析」（以上為經驗），
共有十項原則。這十大原則涵蓋了對於「理性與經驗」、「本體與形式」的整

　　出版社，1985 年初版）頁 15

〔註27〕 成中英：〈方法概念與本體詮釋學〉，《中國論壇》第十九卷第一期，1984 年
　　　　 10 月。

〔註28〕 成中英：〈如何重建中國哲學〉，《中國哲學的現代化與世界化》（臺北：聯經
　　　　 出版社，1985 年初版）頁 13。

〔註29〕 成中英：《論中西哲學精神》（上海：東方出版中心，1991 年初版），頁 68。

體思考，形成循進的有機系統。

在詮釋進路上，這十大原則又分爲：現象分析、本體思考、理性批判、秩序發生四個階段。「現象分析」是根據（陰陽）對偶性原理，對紛雜的現象加以梳理，以組織整體。「本體思考」是以現象分析爲基礎，從本體上來把握整體。「理性批判」則是在把握了本體和現象後，用理性方法重新予以呈現，其中包括語言的溝通、秩序的建立和綜合的了解，於此以理性來延展經驗，亦以經驗來規範理性。而「秩序發生」是在理性的狀態下，經由調適、轉化發展而出，以使經驗和理性能達成有效的互動。至此一個階段性的本體就此實現，成爲展開詮釋的平臺和支點。

本體詮釋學雖深受西方哲學的影響，但其最作爲詮釋最高層級的哲學本體，是以一體二元的生命本體爲依歸的，知識也統一於心性論，所以從表面上看「本體詮釋學」是有濃厚的西方色彩，但其根源仍是深植於中國哲學的土壤中。〔註30〕

成中英先生近年來致力結合西方的現代管理技術和理性，創建了頗具特色的現代管理系統。1979 年他運用《易經》思想，研究管理和管理論問題，提出了「中國管理科學化，科學管理中國化」的中國管理理論。1987 年 8 月，發表〈C 理論：走出中國管理自己的天空〉〔註31〕一文，創建以《易經》哲學爲主體思想的 C 理論架構。1990 年 4 月，在北京發展以〈《易經》管理哲學之理論和實踐〉爲題的演講，全面的介紹《易經》管理系統的理論。該理論以層次問題、架構問題、C 理論、人性分析與人力資源開發、《易經》管理模型以及決策分析爲基本內容，以本體詮釋學開展《易經》的應用。

三、湯一介：「中國解釋學」〔註32〕的創建

湯一介先生〔註33〕對於中國哲學方法論的探索與創新多所重視，特別是

〔註30〕有關成中英先生「本體詮釋學」的著作，在《世紀之交的抉擇——論中西哲學的會通與融合》（北京：知識出版社，1991 年初版）一書中有詳細的論述。

〔註31〕成中英：《C 理論:易經管理哲學》（臺北：東大圖書公司，1995 年初版）

〔註32〕在〈再論創建中國的解釋學〉一文中，提及成中英教授曾建議以「詮釋學」一詞來代替「解釋學」，但湯教授以爲他以前的幾篇文章都使用「解釋學」一詞，而亦有他人也在使用，故仍加以沿用。

〔註33〕湯一介，1927 年生。1951 年畢業於北京大學哲學系。現任北京大學哲學系教授，中國哲學與文化研究所所長，博士生導師，中國文化書院院長、中國東方文化研究會副理事長、中國炎黃文化研究會副會長、中華孔子學會副會長。

在範疇體系的研究上，貢獻卓著。在二十世紀九零年代末期，他開始將關注的焦點轉移到有關詮譯學的研究上，他認爲中國有悠久而且豐富的「經典注釋」傳統，「應有條件利用這一豐厚的資源來自覺地系統地研究我國對『經典』注釋的史，並創建『中國解釋學』」。〔註34〕

在〈能否建立中國的「解釋學」〉〔註35〕一文中，湯先生分析了中國歷代不同的注疏方法：漢儒分章析句繁瑣的章句之學，以至以緯證經，輾轉牽合的神祕比附之法；魏晉玄學家則或採取「得意忘言」（王弼）、「辨名析理」（郭象）的證體思辨之法；魏晉以降，歷代「類書」的編纂，其編纂原則和方法，以及對名詞概念的選取和詮釋，以及翻譯佛教經典所發展而出的「格義」、「連類」、「音譯」、「音訓」等方法。他認爲綿長的詮釋經典的歷史傳統，和各有殊勝的詮釋方法，對中國「解釋理論」的建立有一定的價值和意義。

在〈再論創建中國的解釋學〉〔註36〕一文中，湯先生首先對何以沿用「解釋學」這一名詞，以及既有了西方的詮釋學，有無必要再創建中國的詮釋學，提出說明。他說：

> 中國的「解釋學」可能有比西方更長的歷史，但至今還沒有一套自覺地把「解釋問題」作爲研究物件，且與西方解釋理論有所不同的理論體系。同樣，中國關於「解釋問題」也不限於對經典的「解釋」，但較之西方，中國的傳統似乎更重視經典的解釋。當然中國在「解釋問題」上也存在著隨時代而發生變化，而且往往也是與當時哲學潮流相配合，甚至在同時期會有對同一經典的不同解釋的流別。因此，我們可以借鑒西方的解釋理論與方法來討論中國的「解釋」問題。〔註37〕

1990 年獲加拿大麥克瑪斯特大學（McMaster University）榮譽博士學位。著有《郭象與魏晉玄學》、《魏晉南北朝時期的道教》、《中國傳統文化中的儒道釋》、《儒道釋與內在超越問題》、《在非有非無之間》、《湯一介學術文化隨筆》、《非實非虛集》、《昔不至今》、《郭象》、《當代學者自選文庫：湯一介卷》、《佛教與中國文化》、《生死》、《Confucianism, Buddhism, Taoism, Christianity and Chinese Culture》、《La Mort》及學術論文二百餘篇。

〔註34〕湯一介：〈三論創建中國解釋學問題〉，《北京：中國文化研究》2000 年第 2 期。

〔註35〕《學人》第 13 輯（江蘇：文藝出版社，1998 年 3 月）。

〔註36〕湯一介：〈再論創建中國的解釋學〉，《中國社會科學雜誌》（北京：2000 年第一期）。

〔註37〕同前註。

　　另在文中，除了對西方詮釋學的發展源流，作較深入地介紹外，他特別以先秦時期不同的注釋方式爲例，歸納出早期中國三種經典詮釋的取向。第一種是「歷史事件的解釋」，如《左傳》對《春秋》所做的詮釋。此類詮釋屬敘事式的，對於過程和情節有完整地描述，除了對事實的解釋和增補外，亦有對事件的觀點和評論。第二種是「整體性的哲學解釋」，舉《繫辭》對《易經》的闡發爲例。詮釋者已有了先見的架構模式，其中包含本體論系統和宇宙生成論的系統，再據以對《易經》的開放系統展開詮釋。第三種是「社會政治運作型的解釋」，以《韓非子》對《老子》的「解」、「喻」作代表。〈解老〉篇殊少涉及形上層面，而是以法家的社會政治觀點來詮譯《老子》；〈喻老〉篇則更是政治上的功利看法，直接以史事說明國家興衰、君王成敗之因，將《老子》視爲現實政治的摹本，治術之資糧。

　　湯先生將「解釋問題」和「解釋學」加以區隔。他認爲一個學科或理論體系的建立，是要對其研究的對象具有理論和方法上的自覺，所以西方從中世紀起，對《聖經》（《The Bible》）的詮釋有一個很長的歷史傳統，但直到十九世紀，由施萊爾馬赫（Friedrich Schleirmacher, 西元 1768～1834 年）和狄爾泰（W. Diltheg, 西元 1835～1911 年）將「解釋問題」作理論化的研究，才有「詮釋學」的成立，職是之故，「詮釋學」在西方亦僅有一個多世紀的歷史。在〈三論創建中國解釋學問題〉〔註 38〕一文中，針對他人有何以不用「重建中國解釋學」來替代「創建中國解釋學」的質疑，湯先生以「科學、合理、合乎實際」的立場予以回應。

　　湯先生認爲中國哲學傳統中並無系統化、理論化的詮釋理論，而是在西方的詮釋學引進後，才開始這個課題的探討。是以所謂的「中國解釋學」至少在目前只是一種設想，必須在充分地了解西方詮釋學，並以其理論和方法，對中國的經典注釋歷史傳統和方法作系統的研究，比較異同，梳理後再歸納出中國傳統的優點，而在此基石上，方有「中國解釋學」成立的可能。他說：

> 用西方解釋學的理論和方法，基本上可以把中國對經典注釋的問題弄清；另一是，我們在運用西方解釋學理論與方法，研究中國注釋經典的歷史（或解釋問題）之後，可以把中國的某些並不會影響西方解釋學的基本理論與方法吸收到西方解釋學之中，使西方解釋學有可以解釋中國經典的效用，從而豐富了西方解釋學的理論與方

〔註38〕《中國文化研究》季刊（北京：2000 年第 2 期）。

法，當然同樣也要把其他文化傳統中的某些並不會影響西方解釋學
的基本理論和方法吸收到西方解釋學之中，使西方解釋學有可以解
釋其他種文化傳統解釋經典的效用，從而豐富了西方解釋學的理論
和方法。〔註39〕

四、黃俊傑：「中國文化經典的詮釋傳統」研究計畫

「中國文化經典的詮釋傳統」是「東亞近世儒學中的經典詮釋傳統」整
合型研究計畫的前置性計畫，是由臺大歷史系教授黃俊傑先生〔註40〕所主
持，該計畫是教育部在西元2001～2003年所推動「大學學術追求卓越發展計
畫」（簡稱「卓越計劃」）之一部份。

該研究計畫主要著眼於依據中國學術史上，源遠流長且內涵豐富的經典
注疏傳統，發展具有中國特色的詮釋學。黃先生認為就發生程序而言，中國
的經典詮釋傳統與西方的詮釋學，皆起源於詮釋者與經典之間的主體性之「斷
裂」，頗有「恍惚近似」之處。而就其本質觀之，中國的詮釋傳統自有其特色，
在思想上有儒、釋、道各家迥異之面貌；在類型上，有文學、史學和哲學等
不同的演繹方式。黃先生是《孟子》學的研究專家，他的三卷《孟學思想史
論》具有濃厚的詮釋學意識，在書中提出了一些經典詮釋的框架和模式。他
認為歷代《孟子》的研究進路有二：一是哲學／觀念史的研究進路；一是歷
史／思想史的研究進路，前者的研究圍繞著性善論、身心關係論、知言養氣
論等，孟子哲學中的核心思想；後者則將孟子思想置於歷史的線性發展脈絡
中，探索其在中國思想史上的地位和意義。而二者可在詮釋學意識上得到匯
集，各顯其能，相得益彰。

黃先生亦以歷代儒者對《孟子》的詮釋為實例，指出儒家詮釋者的三個
突出面相：一是作為解經者心路歷程之表述的詮釋學。如：朱熹集註《四書》

〔註39〕湯一介：〈三論創建中國解釋學問題〉，《中國文化研究》2000年第2期（北京：
中國文化研究雜誌社）。

〔註40〕黃俊傑，1946年生。臺灣大學歷史學學士、碩士，美國華盛頓大學（西雅圖）
博士。現任臺大歷史學系教授、中央研究院中國文哲研究所合聘研究員。著
有《孟學思想史論（卷一）》、《孟子》、《孟學思想史論（卷二）》、《Mencian
Hermeneutics: A History of Interpretations in China》、《東亞儒學史的新視野》等
書，編有《孟子思想的歷史發展》、《中國經典詮釋學傳統（一）：通論篇》等
書。

以建立一己之哲學體系；王陽明在其「百死千難」的心路歷程中，以「心即理」、「致良知」的生命體驗，重新解釋經典。一是作為政治學的儒家詮釋學。身處君主專制的政治體系之下，儒家以民為本的理想難以在現實中加以落實，儒者遂以注疏經典之學術事業，寄寓其經世濟民的心志。如：康有為在列強瓜分中國的危機年代，著《孟子微》以寄託其救世宏圖。一是作為護學的儒家詮譯學。歷代儒者透過經典的注疏，批斥異端，為儒學正統辯護。如：王陽明講「盡心」、「集義」以批駁朱子；清儒戴震撰《孟子字義證疏》駁斥宋儒和釋、道思想。於此可窺見儒家詮釋傳統中的「實學」特徵，亦即經世致用的傾向。

　　黃先生高屋建瓴，以全新的視野倡儀「東亞詮釋學」的研究，所謂東亞詮釋學，「是指東亞學術史上源遠流長的經典註疏傳統中所呈現的，具有東亞文化特質的詮釋學。」「從比較思想史的立場，扣緊公元一千年以降中日韓等地區的東亞思想家對儒家經典的詮釋，分析東亞近世儒家經典詮釋傳統的發展及其特質，以邁向儒家經典的詮釋學的建構。」〔註41〕起源於中國的儒學，是東亞各國文化的共同資產，對儒學在東亞各國發展中所造成的異致與同調加以宏觀、博覽，衡定東亞儒學的內涵與特質，黃先生認為「將可以在在新世紀的『文明的對話』中，充分運用儒家精神資產作為東亞文明與世界文明互動與融合的基礎。」〔註42〕

　　對於未來的展望，他在主編的《中國經典詮釋學傳統》（一）的序言中說：

> 二十一世紀是一個世界諸多文明對話的新世紀，但是，在文明對話之中，只有愈深入自己文化的根源的人，才能與異文化進行深入而有益的互動、對話與調融。「中國文化中的經典詮釋傳統」這個研究計畫的立意，就是希望深入挖掘中華文化的思想資源，從中國經典中開發具有普世意義的價值意識，並且從東亞知識分子長達二千年的讀經解經傳統中，建設具有東亞文化特色的經典詮釋學。〔註43〕

〔註41〕黃俊傑：《東亞儒學史的新視野》（臺北：喜瑪拉雅研究發展基金會，2002 年初版），頁 4。

〔註42〕黃俊傑：《東亞儒學史的新視野》（臺北：喜瑪拉雅研究發展基金會，2002 年初版），序 viii。

〔註43〕黃俊傑主編：《中國經典詮釋學傳統（一）》（臺北：喜瑪拉雅研究發展基金會，

五、林安梧的〈道言論〉

　　詮釋學（Hermeneutics）一詞，或有譯爲「解釋學」者，林安梧先生〔註44〕以爲「解釋」重在「說明」，對應於英文，「說明」是 explanation。「說明」（explanation）重點是一個外在的、擴張性的一種因果說明；而「解釋」（interpretation）是進入到那個事理內部的理解和詮釋。它的重點不在說明一個事物的因果，它的重點在說明那個事物存在的理由，它的重點是在 reason。這跟 explanation，它的重點在 causation，所謂的因果，不太一樣。爲學日益，它是一種積極性的建構與累積，而爲道日損，卻是個消極性的瓦解，但這個瓦解可帶來一個新的開顯，即「道的開顯」。當我們談到「詮釋」的時候，或談到「解釋」的時候，就是穿透原先的語言、文字、符號，乃至於象徵，讓意義釋放出來。人文學重點在於內在的解釋，而不在外部的說明。「詮釋」顯然要先有一個消極性的瓦解過程，再達到一個新的開顯之積極性建構過程。

　　林先生近年來經由經典傳述，對中國的詮釋學有諸多體會，他在一九九六年秋發表〈道言論〉：

> 道顯爲象，象以爲形，言以定形，言業相隨，言本無言，業本非業，
> 同歸於道，一本空明。

闡明了中國詮釋學的幾個層次，依次是「言」、「形」、「象」、「意」、「道」。他說：

> 言上有形，形上有象，象上有意，意上有道，由言而及乎形。由形而見其象，由象而見其意，由意而入乎道。相應於「言」是語言文字的構成，重在了別作用；相應於「形」是意義的整體結構，重在把握作用；相應於「象」是在意義結構之上的總體意象，重在想像作用；相應於「意」是在此意象之上的「意向」作用，重在體驗心

2002 年初版），序 iii。

〔註44〕　林安梧，1957 年生，臺灣省臺中縣人。國立臺灣大學哲學博士，現任國立臺灣師範大學國文系所教授。曾任《鵝湖》主編、社長，《思與言》主編、東方宗教討論會會長，中央大學中文系所及哲學所教授，南華大學哲學所所長，清華大學通識教育中心主任。他最關心的問題是「人存在的異化及其復歸之道」，專研哲學人性論、比較宗教學、教育哲學、文化治療學、當代新儒學。著有《王船山人性史哲學之研究》、《存有，意識與實踐》、《中國宗教與意義治療》、《臺灣文化治療》、《問心：我讀孟子》、《論語：走向生活世界的儒學》、《儒學與中國傳統社會之哲學省察》、《中國近代思想觀念史論》、《當代新儒家哲學史論》、《儒學革命論》等專著十餘部，論文近百篇。

> 意之指向；相應於「道」是在此意向之上的無分別相的空無狀態，
> 重在體道之本體〔註45〕

這五個層次，要能夠往上提昇，須穿過語句的遮蔽，進入結構性的把握。穿過結構的藩籬，進到一種無象的相遇；穿過無象本身的遮蔽，進到心靈意象的體會；再由此達到道的契悟。

詮釋活動在進行時，有兩個不同的次序：一是理論邏輯的次序，重在「內在的契入理解」；一是時間的歷程，重在「實際行動的進程」。二者乃一體之兩面，彼此存有著「詮釋學迴圈」〔註46〕的互動關係。詮釋者須先穿透語言、文字的遮蔽，再上遂於道；復由道而向下開顯，所以詮釋活動是據一「視點」（Perspectives）而展開的理解活動。林先生舉《大學》「八目」為例，就時間歷程的先後而言，其次序是：「身修」而後「家齊」；「家齊」而後「國治」；「國治」而後「天下平」。「修身」是道德實踐的起點，所以《大學》說：「自天子以至於庶人，壹是皆以修身為本」。就理論邏輯次序的先後而言，則是「物格」而後「知致」；「知致」而後「意誠」；「意誠」而後「心正」；「心正」而後「身修」。以「物格」來說，世間萬物必無一可盡格之日，如此又如何能待得「知致」、「意誠」、「心正」之時？所以於此要有一「後返的推溯」，在心理的認知上，能掌握「『修身』之基礎在『正心』；『正心』之基礎在『誠意』；『誠意』之基礎在『致知』；『致知』之基礎在『格物』」的理論邏輯次序。若不能區分這兩個不同的層次，則在理解時就生混淆謬知的情形。

關於詮釋層級的第一層是「言」，廣義的語言包含文字、符號、乃至象徵。在此層次，語言擔負著的只是客觀介面的功能，人藉由中性語言來掌握、溝通資訊、意見，偏重的是語句記憶的功能。任何話語的建構，都只是「權」，而不是「實」；只是「變」，而不是「經」。所以主體對於語言，若無結構性的把握，亦即若詮釋活動未能由語句的記憶，提升至結構把握的層級，那些語言，只是散亂的資訊，和無主觀意義的符號。在此第二層「構」的層級，產生了第一個「詮釋的迴圈」，由「詞」來把握「字」；由「句」來把握「詞」；再由「章節」來把握「句」，如是往復，而有結構性的把握。所以語言要有兩

〔註45〕 林安梧：〈革命的孔子〉，《儒學革命論》（臺北：學生書局，1998年），頁169。
〔註46〕 林先生在〈關於中國解釋學的五個層級──「道」、「意」、「象」、「構」、「言」〉一文中（見：公法評論網，http://www.gongfa.com/jieshixuezhuanti.htm），使用的是「解釋學的迴圈」一詞，蓋中臺兩地，所定義之名詞不同。為求本論文名詞定義的統一，故易改之為「詮釋學的迴圈」。

個不同向度，一個指向對象，是外向的理性邏輯決定；一是後設的語言，對語言展開一後設的分析、反省。

　　詮釋的第三層級是「象」，在此著重的是體會和想像力的發揮。想像力（Imagination）與記憶力不同，具有自由組合印象內容的能力，材料至此已鎔裁成新的形式，所以饒富創造的本質。林先生以爲「形」只是就其如其「彰顯」之象，「形著」者說，而「象」則是就道體之彰顯說，就邏輯的次序而言，象在形之先，非形在象之先。

> 「象在形先」與「形在象先」是中西主流形而上學的一個重要的分
> 野。凡主存有的連續觀者，必乃「象在形先」，若爲存有的斷裂觀者，
> 必乃「形在象先」。前者重在天地人交與參贊而成之總體之本源，而
> 後者重在人我所對之客觀法則性之所論列的對象物。〔註47〕

想像力雖是自由，但其中必有一意向的指引，方不至產生異化和對反。詮釋不只是一語言的論定活動，不只是通過主體的對象化活動，而同時也要賦予這個對象一個決定的定向，及乎此，就進入了詮釋層級的第四層：「意」，亦即「心靈的指向」（Intention）。舉凡人的想像、概念、認識和意願等，都存有對行動以及對象的有意識指向行爲，更重要的是要回溯本源──「道」。如同船山在《莊子通，敘》中所說：「予固非莊生之徒也。有何不可，『兩行』，不容不出乎此，因而通之，可以與心理不背。」「凡莊生之說，皆可以通君子之道。」〔註48〕

　　綜上所述，我們了解到詮釋活動的歷程，是逐一層級，從「學」到「道」，而從「道」再成之爲「學」的歷程。〔註49〕圖示如下：

〔註47〕 參見林安梧：〈後新儒家哲學之擬講：從「兩層存有論」到「存有三態論」〉
　　　　 一文，此文收錄於沈清松所編《跨世紀的中國哲學》（臺北：五南圖書出版公
　　　　 司，2001 年初版）一書，頁 283。
〔註48〕 王夫之：《莊子通，敘》，《船山全書》第十三冊，頁 493。
〔註49〕 以上有關詮釋活動的層級和歷程，多取材於林安梧先生在 2000 暑假，在師大
　　　　 國研所開「方法論」課程所作筆記。該課程共有八講 ── 第一講：「人文學、
　　　　 社會科學與自然科學之異同」、第二講：「方法、方法論與方法論意識」、第三
　　　　 講：「人：世界的參贊者、詮釋者」、第四講：「語言 ── 存有之道落實於人
　　　　 間的居宅」、第五講：「道（存有）：語言調適而上遂的本源」、第六講：「詮釋
　　　　 的層級：道、意、象、構、言」、第七講：「『言』與『默』：從『可說』到『不
　　　　 可說』」、第八講：「建構、瓦解與開顯」。

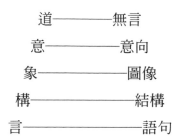

道————無言
意————意向
象————圖像
構————結構
言————語句

　　林先生亦試圖經由中國詮釋學的探討，對當代新儒學做一批判性之繼承與發展，特別是爲新儒學所重的「良知主體」、「躬行實踐」兩個面向。他在〈「生活世界與意義詮釋」論綱——後新儒學的「存有學」與「詮譯學」〉一文中指出，當代新儒學雖直承陽明學而開啓者，但過強的理論性格和邏輯性格，失落了對歷史社會總體的眞存實感。爲免除主體主義及形式主義可能之弊，故多闡發熊十力先生體用哲學中的「存有的根源」（境識俱泯）、「存有的開顯」（境識俱起而未分）、「存有的執定」（以識執境），作爲疏解「生活世界」與「意義詮釋」之資源。

　　生活世界是人在綿延不息的時間歷程，廣袤有邊的空間區隔之中，以其身體、心靈通而爲一展開的實存活動，於此「生活世界」是「天」、「地」、「人」三才相互參贊而開展之世界。

　　意義詮釋則是指「吾人以其心意，追求意義，開啓的言說，道亦因之而彰顯。」〔註50〕是以意義詮釋不能停留在「言說」系統上，也不能只是一外在於歷史社會的心性修養，是必須指向道德實踐和社會批判的。語言的形而上是道，道豁顯在人間世是語言。「道」與「言」相互爲宅，道通爲一，以道來檢核語言，以語言來實踐道，如此，「形而上」、「形而下」通而爲一。

　　中國的「道論」，強調的不是西方「存有論」的共相昇進，而是「生命的交融」，認爲任何一個存在的事物，都是可以感通而構成一體的，且上溯至高，因而通之，皆可以進乎其道。由道，經由一內在的生發、創造活動，而開啓這世界。

　　道有多種不同的層次：或就總體之本源說，或就其總體之立場說，或就一切事物所構成之總體說。而上通於道之道是道之本源，本源是在場域中展開，展開而爲一存在事物構成的總體，總體又回過頭來，影響了本源。彼此

〔註50〕林安梧：〈「生活世界與意義詮釋」論綱——後新儒學的「存有學」與「詮譯學」〉，《儒學革命論》（臺北：學生書局，1998 年），頁 270。

互動循環，「本以貫末」，「末以成形」，本末通貫爲一體，而其中人心的參與是很重要的。如圖示：

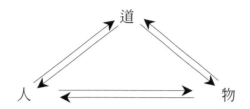

　　道彰顯爲一切存在事物，此存在事物長養了人；人因通於道，所以能理解存在的事物；物經由人，所以能上通於道。

　　林先生近年面對當代新儒學的傳承與發展，提出由「牟宗三而熊十力」，再由「熊十力而王船山」的發展方向。他以爲由「牟宗三而熊十力」乃是「上遂於道，重開生源」；若由「熊十力而王船山」，則更是強調歷史社會總體的落實與開展。熊十力先生開啓的儒學思想，是繼承原先儒學的「隱匿性傳統」而開啓實踐之路。他說：

> 熊氏仍以其個人生命的體驗獨契於「道」，在歷史發展的嶄新脈絡裡，他重新舒活了儒學的筋骨。開啓儒學自家隱匿性傳統所具有的「解構性思維」。這種「解構——批判——重建」的活動是值得重視的。〔註51〕

　　〈「生活世界與意義詮釋」論綱——後新儒學的「存有學」與「詮譯學」〉一文，林先生視之爲後新儒學有關「存有學」與「詮釋學」之總綱，同時也標舉出關於中國詮釋學的四個主要面向：「經傳之注疏學傳統」、「體驗之心性學傳統」、「歷史之詮釋學傳統」、「藝術之品鑒學傳統」，而他認爲此四者皆可「因而通之，以造乎其道。」〔註52〕正呼應著他從「意識哲學」到「處所哲學」；從「超越的冥契主義」到「實踐的人文主義」的體用哲學詮釋觀。

　　林先生又發表〈後新儒家哲學之擬講：從「兩層存有論」到「存有三態論」——以《道言論》爲核心的詮釋與構造〉一文，〔註53〕以簡記語錄體的方式，對《道言論》作更深入的闡發，本人以爲這是目前爲止，林先生有關

〔註51〕林安梧：〈革命的孔子〉，《儒學革命論》（臺北：學生書局，1998 年），頁 171。
〔註52〕林安梧：〈革命的孔子〉，《儒學革命論》（臺北：學生書局，1998 年），頁 169。
〔註53〕此文收錄於沈清松所編《跨世紀的中國哲學》（臺北：五南圖書出版公司，2001 年初版）一書，頁 277～312。

中國詮釋學最重要的論述，在此引述他在篇首談到寫作的用意來作爲本節結語，他說：

> 本論文旨在經由一九九六年秋筆者所撰之〈道言論〉，進一步申論之，意圖由牟宗三先生的「兩層存有論」進一步轉化構成一「存有三態論」。

> 「存有三態論」：存有的根源、存有的開顯、存有的執定，作者一方面強調這是一生發的連續歷程，一方面又表明此中之分際。特別由語言的介入（言以定形），業力的衍生（言業相隨），作者更而重視知識與權力的複雜問題。

> 作者經由存有學的回歸與還滅，而連結了「言」與「無言」，「業」與「非業」，指出語言還歸於沉默，業力原本虛空。在這存有學的回歸與還滅過程裡，作者有意的指向總體之源的場域覺醒。

> 作者這樣的哲學構造，意圖走出主體性哲學，而代之以場域性、處所性的哲學。作者深信這是後新儒學的一個可能向度。〔註54〕

〔註54〕同前註，頁 279。

附錄二　《論語》試詮──教學場域中之現狀和嘗試

　　船山的《論語》注疏主要針對教學而作，以年輕學人作爲對象。如《四書訓義》者，「發紫陽之微言大義，并其所以至此者而亦傳之，使學者得入門焉」〔註 1〕是爲教授生徒的講義。《四書箋解》乃爲家塾弟子授讀《四書》時所作箋解。《讀四書大全說》則出於對《四書大全》淪爲科舉功名之講章，於聖人微言，分剗而喪其眞之不滿，基於維護聖道之心，著書立說，使學子能遠異端，去俗情者。身爲中學的國文教師，此類同於船山之於山陬講課授徒者；而賡續道統之慧命，此亦同於船山者；時代之焦慮感，亦有似船山者。是以在教學場域中，亦不時亟思在詮釋上有所突破，能使經典與年輕學人，在生活上有更多的互動，在聲息上有更多的互通、共鳴。是以在《論語》教學上於反思之餘，就現狀在方法、手段上，亦期透過新的嘗試而有所突破者。

第一節　中學《論語》教學現狀

　　現今中學的《四書》教學，亦即所謂的《中國文化基本教材》教學，因授課時數、考試領導教學，以及大考命題趨勢等等因素，日漸淪於邊緣化。教育改革的結果，反造成更龐雜的學程規劃，多元的學科以及學習方式，也造成學生更爲沉重的負擔，在時間的排擠效應下，「淺盤式教學」造成「淺盤式思考」。課程之未受重視，授課時數之不足，學生之漠視，一直是國文科教

〔註 1〕　劉人熙：〈啖柘山房本四書訓義敘〉，《船山全書》，第八冊，頁 976。

師長期以來所詬病者。未充分的條件下，未必沒有充分的可能，基於此一心態，是以有下面的努力。

一、國民中學現狀

國民中學的《四書》教學，斟酌學生的程度，僅選讀《論語》和《孟子》二書中的若干章節，《論語》在第一學年教授，第一冊和第二冊教科書的第十一課，各選定四章，主題鎖定在「孝親」、「師友」之道，以及「為學」、「處事」之方。選錄章節如下：

《第一冊，第十一課》

（一）

子游問孝。子曰：「今之孝者，是為能養。至於犬馬，皆能有養。不敬，何以別乎？」（〈為政第二，七〉）

（二）

孟懿子問孝。子曰：「無違。」樊遲御，子告之曰：「孟孫問孝於我，我對曰：『無違。』」樊遲曰：「何謂也？」子曰：「生，事之以禮；死，葬之以禮，祭之以禮。」（〈為政第二，五〉）

（三）

子曰：「三人行，必有我師焉。擇其善者而從之；其不善者而改之。」（〈述而第七，二十一〉）

（四）

孔子曰：「益者三友，損者三友：友直，友諒，友多聞，益矣；友便辟，友善柔，友便佞，損矣。」（〈季氏十六，四〉）

《第二冊，第十一課》

（一）

子曰：「學而時習之，不亦說乎？有朋自遠方來，不亦樂乎？人不知而不慍，不亦君子乎？」（〈學而第一，一〉）

（二）

子曰：「譬如為山，未成一簣；止，吾止也。譬如平地，雖覆一簣；進，吾往也。」（〈子罕第九，十八〉）

（三）

樊遲問仁。子曰：「居處恭，執事敬，與人忠。雖之夷狄，不可棄也。」
（〈顏淵第十二，二十二〉）

（四）

子貢問曰：「有一言而可以終身行之者乎？」子曰：「其恕乎！己所
不欲，勿施於人。」（〈衛靈公第十五，二十三〉）

一個受畢九年義務教育的中學生，若再無來自其他管道的挹注，或課堂
上老師的補充，如是區區八章，如何得以認識經典，親炙孔門之學，入門都
夸夸其難，何況使其能窺得門徑。

二、高級中學現狀

高級中學的《中國文化基本教材》，共六冊，其中的一至三冊爲《論語》，
在質量上，較之國民中學是有了許多的提升。以翰林版《高級中學中國文化
基本教材》〔註2〕爲例，第一冊共分三篇，分別是第一篇：「孔子的爲人」，選
二十六章；第二篇：「論學」，選二十二章；第三篇：「論仁」，選二十二章。
第二冊共分四篇，分別是第一篇：「論教育」，選九章；第二篇：「論孝」，選
七章；第三章：「論道德修養」，選二十八章；第四篇：「論士與君子」，選二
十七章。第三冊共分四篇，分別是第一篇：「論詩禮樂」，選十章；第二篇：「論
政治」，選二十二章；第三篇：「論古今人物」，選七章；第四篇：「論孔門弟
子」，選十五章。三冊《中國文化基本教材》，共十一範疇，總計選錄一百九
十五章。

依《高級中學國文課程標準》，「教材編選要領」第六條：

中國文化基本教材之內容，選編自《論語》、《孟子》、《大學》、《中
庸》，力求能深切反映中華文化之精髓，或具有時代意義者；《學》、
《庸》部分應避免過於抽象、不適合高中講授者。所選各章必須附
有注釋、章旨。

「力求能深切反映中華文化之精髓，或具有時代意義者」，是希望年輕學子在
讀聖賢書之餘，能將之生筋化血，落實在一己生命直下的實踐和擔當中，《論
語》本就是生命的學問，捨此鵠的，未能企及此一目標，都稱不上是成功的
經典教學。

〔註 2〕 《高級中學中國文化基本教材》，第一冊～第三冊（臺南：翰林出版社，1999
年初版）。

　　《高級中學國文課程標準》中在「時間分配」一項的第三點中，也明確規定：「中國文化基本教材每週一節」的上課時數。佔國文授課時數的四分之一，不可說不受重視。

　　對於「教學方法與過程」則有如此的期待：

> 中國文化基本教材以闡明義理、躬行實踐為主。講讀時宜配合日常生活，盡量發揮義蘊，使學生透徹領悟，並於動靜語默之間，陶鎔高尚情操、培養健全人格。

以日常生活的素材配合講授，就是強調解讀經典時，詮釋方法的更新和活用。但詮釋的方法和手段，都只是過程，目的則在於學子的領悟和踐行上。教科書開放版本後，各版本在章旨的闡發上都能力求淺近，有的版本還增添「啓示」一欄，以切合學子已有之知識和經驗，引述舉例，演繹事理，也都能語近而理切。較之先前之國編本，無論是在紙張、印刷、編排、色彩以及圖文的配置上，都有很大的改善。

　　理想和目標必要予以檢驗，要經得起檢驗才好，課程標準和教學目標的制定，不若德性主體的絕對性和形上特質，所以一定要以「落實化」做為最高的目的。現代《中國文化基本教材》教學的問題，就在於課程標準和教學目標淪為徒然高懸，而不能審時度勢。依目前施行的《高級中學國文課程標準》，國文每週的授課時數，被減縮為四小時，在範文部份每冊有十四至十五課，以現在的部定授課時數，範文教學在時數上已是大大不足，所以趕課，成了所有國文老師的夢魘，也因此《中國文化基本教材》常是考前一週，才開始講授，也常常是以一節課上八至十章的進度，匆匆瀏覽而帶過。所謂講授者「盡量發揮義蘊」者，所謂「使學生透徹領悟」者，皆流為空談，更遑論期望學子能「於動靜語默之間，陶鎔高尚情操、培養健全人格。」

　　年輕學子在西方文化長期的浸染之下，普遍對主體文化以及傳承文化之經典，信任度極為低落。憑藉著對主體文化極為有限的認知，他們大都以偏頗的觀點來看待經典。教學的現狀上的窘境，不僅不能矯其弊，導正其「先見」之偏差，在考試導向和授課時間壓力之下，更是雪上加霜，積重難返。

第二節　教學場域中之嘗試

　　《聖經》詮釋學是現代詮釋學的一個重要起源，在《聖經》詮釋學上，

為因勢利導，每見其有新詮，而歐美，特別是美國的耶教宣教徒，也能以現代曲風，樂調來包裝聖歌，便宜行事，以利宣教。佛法中，修行的法門有八萬四千個，其中亦可略分：「感應法門」、「方便法門」、「究竟法門」三種〔註3〕。所謂「感應法門」，就是剛開始修行學佛，希望佛菩薩保佑、加持、希望在佛法中獲得一些靈感，乃至於得神通。所謂「方便法門」，如持咒、誦經、禮佛⋯等種種加行。所謂「究竟法門」，即是中道實相、無念、無住、無相之法。眾生皆有佛性，皆能成佛，修行的目的即是在脫離生老病死苦，若自利、利他圓滿，三覺圓滿，就能證得無上菩提，此即是究竟法門。

「感應法門」者，使人不至心生排斥，能予認同，並有受益之存見。「方便法門」者，以最有效方法，充份掌握環境、能力因素，量時量力迄於目的。「感應法門」是學習活動的起點，「方便法門」是學習活動的歷程，而引領其登堂入室後，最後必求其能「究竟」堂奧，完成「於動靜語默之間，陶鎔高尚情操、培養健全人格。」的經典教學使命。

是以在宗教上，無論東西方，都講求手段、方法，以期能招攬信眾，弘法利生。作為儒學之聖經，身為儒學的傳承者，文化教育工作者，於此是否有所刺激和啓發呢？

西潮高漲，新世代的年輕人，已習慣以西方的思維看待事物，唯洋是尚，無疑是讓人痛心的。經典的活化，所以不僅是語言的問題，更是思維的問題，一種無法與聖哲相溝通的思維，才是最大的障礙。當面對如是的隔閡之時，年輕人並不思索其根本的原因何在，而只是情緒性的排斥，在態度上簡化、

〔註3〕 「『法門』梵語為 dharma-paryaya，即佛法、教法。佛所說，而為世之準則者，稱為法；此法既為眾聖入道之通處，復為如來聖者遊履之處，故稱為門。⋯⋯如是，法門一詞既可作為佛所說教法之總稱，而以『不二法門』總括其教說之絕對性；亦可以『八萬四千法門』含攝其重重無盡之個別性，以應眾生千差萬別，重重無盡之煩惱；蓋眾生有八萬四千煩惱，故佛乃為之說八萬四千法門。」參見《佛光大辭典》第四冊（臺北：佛光出版社，1988 年初版），頁3363。「何謂感應法門？就是剛開始修行學佛，希望佛菩薩保佑、加持、希望在佛法中獲得一些靈感，乃至於得神通，這些就屬於感應法門。人有誠心，佛有感應，信了佛教以後，家庭很平安，事業也很順利，求什麼就能得到什麼，這就是所謂的感應法門。第二、方便法門，如持咒、誦經、禮佛⋯⋯等種種加行，這些都屬於方便法門。第三、究竟法門，即是中道實相、無念、無住、無相之法。眾生皆有佛性，皆能成佛，修行的目的即是在脫離生老病死苦，若自利、利他圓滿，三覺圓滿，就能證得無上菩提，此即是究竟法門。」參見《唯覺法語》（臺北：自由時報，2000 年 7 月 20 日）。

卸責式的以爲經典中思想觀念已不合時宜，該爲時代潮流所淘汰。

　　爲了貫穿障礙，消弭隔閡，所以思考在《論語》教學時，援引西方的觀念，詞語以及事例，以爲方便法門，一則讓學生能易於體會，一則也讓學生在如此的比附中，瞭解到「東方有聖人出焉，西方有聖人出焉，此心同，此理同。」使其能覺知得「眞理、人情之共通性」，更重要的，是要破除其對母體文化的偏見和信心的失落感。

一、「先見」問卷調查

　　在本學年度（九十一學年度）利用擔任高一國文任課老師的機會，先在學期初，針對授課的二個班級 92 位同學（回收 85 份），發出一份「認識經典」的問卷調查，藉此了解高一新生對《論語》的認知和態度，並藉題目的暗示，導正他們可能存有的偏頗之先見。

> 認識「經典」
>
> 如果不夠「正點」，就稱不上是「經典」。凡是優秀的、一流的、高尚的、典雅的、模範的，並且具有歷史淵源、悠久傳統的事物，都可稱之爲 CLASSIC。所以福斯汽車的經典是金龜車，瑞士手工藝的經典是瑞士刀，帥奇表的有帥奇表的經典，音樂有音樂的經典，建築有建築的經典。
>
> 如果我們要從先人浩瀚的古籍中，找幾部具代表性的經典，或者以我們見識知解，最熟的經典，《論語》無疑是其一。對於這一部中華文化的代表性經典，你有多少的認識和怎麼樣的觀感呢？
>
> 1. 在國中時曾讀過《論語》中的「論學」和「論孝」篇章，就你印象所及，試默出。
>
> 2. 如果依你對《論語》的喜愛程度來作評量，從 0～100 分，你會給幾分？
>
> 3. 基督教有《聖經》（The Bible）、伊斯蘭教有《可蘭經》，以儒學爲主流文化的中華文化圈，如果以記述孔子言行爲主的《論語》作爲「聖經」，你覺得適合嗎？爲什麼？
>
> 4. 各民族的「經典」就是承載其文化思想的文本，你相信其中有能超越時空的普世信念和價值，歷久而彌新嗎？

5. 從民國初年，五四運動的「打倒孔家店」，到毛澤東的「批孔揚秦」、紅衛兵的「破四舊」，孔子以及儒家文化曾遭受嚴厲地批判、徹底地揚棄。但近年來在華人世界，又再度受到重視，重新予以推廣。你覺得代表著什麼樣的意義？

6. 如果我們對《論語》帶有偏見，請問是如何形成的？

7. 就你所知，請寫出有關孔子的生平事蹟。

第一題有四位同學寫「忘記」或「不會」外，都尚有記憶，其中又以〈學而第一，一〉的比例最高，並且是完全的記憶，少有脫漏字的情形。次者為〈為政第二，七〉的〈子游問孝〉章，再次者為〈子罕第九，十八〉的〈譬如為山〉章，而〈為政第二，五〉的〈孟懿子問孝〉章，多有脫漏，但復有記憶者，亦多能寫出「生，事之以禮；死，葬之以禮，祭之以禮。」此一章精要之處。國中的國文教學，對於文言文大都要求學生背誦，此一背誦的要求，加之年輕人良好的記憶力，雖距離國一學習時期已過了二年之久，但亦大致上尚能對學習過的主題和相關篇章保有印象，可說是背誦功效的發揮。

第二題以分數量化的方式，要同學依主觀打印象分數，雖不免失之籠統，但亦可據以知悉，新世代的年輕人心目中接受《論語》的程度。結果如下：

分　數	1	2	3	4	5	6	7	8	9	10	人數合計
91～100								1	2	1	4
81～90					2			1		3	6
71～80					7					9	16
61～70					1				1	10	12
51～60									3	17	20
41～50		1								14	15
31～40										5	5
21～30										2	2
11～20											0
0～10	3									2	5

以平日常用的百分制評量標準，滿分為一百分，及格分數為六十分。則此次回收有效的八十五份問卷中，打 61～100 分的有 38 人，打 60 分的有 17 人，打 59～0 分的有 30 人。雖然打六十分以上及格分數的人數高於五十九分

以下者，但仔細分析，其中打六十分剛好及格分數的人數，高達 17 人，佔五分之一，不可謂不多，而高分群 91～100 分的人數為 4 人，與低分群 0～10 分共有 5 人，相比較，對《論語》的好惡，亦有極大的差異。打六十分者，我們可推測其並無太多的好惡，缺乏明確的立場。悲觀的講法，是認知模糊；樂觀地說，是可塑性高。

但就一部能代表民族文化的經典而言，《論語》在新世代年輕人的心目中，主觀上，個人的好惡感太強，其中透露的，也更令人憂慮的是，年輕世代對經典的尊重態度不足，和對一己文化的信心闕如。客觀上，缺乏明確的認知，在多元學習的風潮下，在教育改革的推動中，學習的領域更廣，學習的課程更多，在兩者的壓縮排擠下，經典的教學更加地被邊緣化。

第三題題目的設計就以引導的方法，要同學先就「聖經」一詞，作出思考，希望他們能夠反思，何以「聖經」只能是代指耶教經書的專有名詞，有沒有以之用來代表我們自己文化經典的可能？

問卷結果，以為適合以《論語》一書作為中國的聖經的共有 38 人，以為不適合的有 45 人，其餘有 2 人回答：「不完全合適」和「沒必要」。結果是超過半數以上的同學，不同意以「聖經」一詞代指《論語》。認為合適者多從經典的內容、價值和影響上思考，以為無論是哪一部經典，都是以「仁」，「愛」為本質，以「和平」為理想鵠的，而又同是對各民族發生了極為深遠廣大影響的經典，故可以「聖經」一詞代指尊稱《論語》。而認為不合適者，亦全然無輕蔑之意，反而能以客觀且深入的論點，大多以為儒教並不是宗教，孔子強調在生命中踐履德性，不宣揚來世輪迴，不以天堂地獄警戒信眾，亦不講求神蹟，所以《論語》不適合以「聖經」稱呼之，以免與宗教的經典混為一談。一位回答「沒必要」的同學，觀點也雷同。亦有少數同學，以為中國文化博大，思想百花齊放，經籍更是汗牛充棟，為了呈現中華文化多元錦簇的原貌，不宜以僅能代表儒家文化的《論語》一書作為代表。另外一位覺得「不完全合適」的同學，亦持同樣的看法。

在同學對《論語》一書的定位和價值有了較深刻地思考後，進一步則引導他們去體會經典是各民族文化思想的載體，所以經典有他的繼往開來的重要性，有能超越時空的普世價值，是能歷久彌新的，而《論語》亦復如此。問卷結果，有 15 位同學持否定的立場，有 7 位同學則立場不大確定，其餘的 63 位同學則持肯定的觀點。持否定立場的同學，大都以為變動不居的時代，

觀念也將隨之改變，經典上那些古老守舊的觀念，是不合時用的。立場較不明確的同學，則持不盡合時用的看法。其實這些因認知的圍限和主觀，而造成的偏見，是可以在教學前予以釐清，並且在《論語》教學時，活用詮釋方法，讓同學能從文字背後，掌握到與其生命同聲共氣的精神，與時代共進的積極面貌，而這也是藉此一論文寫作，想要達成的最大目標。

　　中國的近代史是一頁屈辱的歷史，不論是在政治、經濟、國防、文化上都面臨西方勢力莫大的衝擊，挫敗的結果，造成了盲目的崇洋和自卑，「師夷之長」成了全面化的革新運動。長別人志氣之餘，最不足取的是滅自己的威風，以為自己一無是處，挖牆刨根，好像非要將舊文化剷除殆盡，才算是文明和進步。在政治人物和學者地鼓吹下，荼毒甚深，為禍至今。第五題藉中國近代兩次的文化革命運動，而《論語》卻能浴火重生這一歷史事實以提問，讓同學能經由對這兩段史實的回顧，而更明確掌握到經典「超越時空的普世信念和價值」。就如一位同學這樣寫道：「我們現在站在宏觀的角度，又重新重視代表著孔子的智慧與人格，以及《論語》所討論到的種種，能再受人們肯定，這就是如上題說的超越時空的普世信念！」

　　第六題的題型設計亦是藉提問以釐清觀念，要同學進一步思考，何以會對代表文化的經典——《論語》有偏差之見解。問卷的結果顯示主要有兩大原因：一是語言文字隔閡，所造成的閱讀和理解障礙；一是考試領導教學，所產生的情緒反彈。而此二者，當可給我們有所借鏡，一則做為教學目標的釐清上，勿小學而大遺；一則在教學活動的設計上，一定要能貼近生活，反映時代意義。

　　《論語》給人的刻板印象常是過於平面，這當然是淺盤教育所造成的淺盤思考結果。我們在講授時淪為教條式的宣講，如何生動起來，而讓學生能產生興味？《論語》是孔子和弟子的言行錄，言語之中必有情感，行止之間必有意味，斯人也，而有斯言也，斯行也。所以有了對《論語》中人物，特別是孔子生平行誼的認識，才可能為其言行有所共鳴體會。第七題即是針對同學對孔子的生平事蹟的認知基礎，進行了解。除了「周遊列國」、「至聖先師」這兩點歷史事蹟外，其餘所知非常有限。

　　這也正是在教學上要予以補強的。若能在教學上，藉由人物事蹟、形象之勾勒，活化經典人物，使學子更能透過行蹟來把握聖哲的精神思想。如：從孔子之武城，見子游行禮樂教化，喜出望外，而不免有「割雞焉用牛刀？」

之戲言，以見其詼諧之一面。另從子貢之善問，子路之敢問，來掌握兩人性情與事功之所由、所因。如是事理相即、性行相應，聖哲賢人之生命風貌，自能鮮活而躍然眼前，而能壁立千仞。

　　這一份問卷調查，其採樣當然不足，所以所呈現的結果也是不夠充份的，題目的設計，亦有引導誘答的取巧之處，雖失之主觀，但正是欲藉此一問卷達到的教學目標，又考量以一己真切的教學環境為設計的主體，以持續的教學活動來考稽鉤核，大範圍將失去主導性和自主權，是以只以本人授課班級施行，以求有更深入的觀察和檢討。

　　「先見」的確是深深影響一個人看待事物的角度，以及他對事物的接受度。而「先見」的產生，除了個人的人格特質、學思背景外，外造環境亦是左右的重大因素，尤其是身心俱處在可塑性最強時期的青年。以現今的時空為背景，這次問卷的結果，並不悲觀，也更凸顯出有極大的可塑性，以及教學的可能，而這也正是教育工作者最大的挑戰和最艱鉅的使命。

二、《論語》試詮

（一）理性、感性與德性

　　　　「興於詩，立於禮，成於樂。」〈泰伯第八，八〉
此章談的是人生修養的三個步驟，三個境界。

　　1.「興於詩」講的是感性的激發，「立於禮」講的是理性的剪裁，一個理性、感性調度合宜的心靈，方能是個在德性上能臻於和諧之境的君子。音樂最具和諧性，也最強調和諧，是以說「成於樂」。

　　詩是以意象為其形式，以感性為其本質，懂得詩，就可穿透語言文字的意象表層，消解其迷障，直指真義。如同法國著名象徵主義詩人馬拉美（Stephane Mallarme，西元 1842～1898 年）一貫對詩的主張：「詩是不可解的，詩是神秘，詩是謎語。」說詩不可解，實在是說明詩的詮譯，以理性為手段是不可得的，那屬於形上的心性神秘本質，是一定先要調度感性來相應、附和，最終以感性的激發為目的。

　　孔子讚許子貢：「賜也，始可與言詩已矣！告諸往而知來者。」（〈學而第一，十五〉）人際間的問答進退，外在的行止是源於內部心志的驅動，要掌握底蘊真義，要將感官所能觸及的視聽言動，上溯及於溝通者的思維層次，才得以彰顯。所以伯魚承趨庭之教，孔子告之曰：「不學詩，無以言。」（〈季氏

第十六，十三〉〉

　　《毛詩序》是這樣定義「詩」的：「詩者，志之所之也，在心爲志，發言爲詩。」白居易也說：「詩者，根情、苗言、華聲、實義。」詩歌根源於心志，情感是其原力，沛然湧生，以語言文字爲其外在形式，語言文字上求聲韻的華美，對傳達情志自可發揮輔翼之功，但人們受了感染，要能因而認識生命，豐沛生活，才具詩歌創造的積極實義。所以白居易以爲詩歌和現實有密切關係，而指出「文章合爲時而著，詩歌合爲事而作」，認爲詩人必須「補察時政，洩導人情」，詩歌不僅要反映人類社會生活，也要有積極的社會功能及教育意義。「子謂伯魚曰：『女爲〈周南〉、〈召南〉矣乎？人而不爲〈周南〉、〈召南〉，其猶正牆面而立也與？』」（〈陽貨第十七，十〉〉

　　又如：

　　　子曰：「小子！何莫學乎《詩》？《詩》可以興，可以觀，可以群，可以怨。邇之事父，遠之事君，多識於鳥獸草木之名。」（〈陽貨第十七，九〉〉

於此，孔子提出《詩經》「興、觀、群、怨」的四大功能。船山在《四書箋解》一書中對此四者作如是詮釋：「得其揚扢鼓舞之意則『可以興』，得其推見至隱之深則『可以觀』，得其溫柔正直之致則『可以群』，得其悱惻纏綿之情則『可以怨』。」〔註4〕就儒家的修養工夫而言，「得其揚扢鼓舞之意」的「意」類同於 Spirit，言《詩》可對渾淪的性體，有善知的顯揚和正向發展的鼓舞作用。「得其推見至隱之深」於此強調的是「推見」二字，指要對現象背面深隱之旨，能「推而見之」，就必須要有「告諸往而知來者」，見微而知著的 Insight。Spirit 強調的是感性精神的鼓舞激勵，Insight 強調的是理性識見的洞察分析，具足了此二能力，接著以應物待人，方可「得其溫柔正直之致」。「溫柔正直」指的是 Behavior，孔子言以「溫良恭儉讓」謙遜之態以待人，但又不可失之便佞，令色則易流於鄉愿，是故要以「正直」爲骨，不卑不亢，方可臻其致。子曰：「〈關雎〉，樂而不淫，哀而不傷。」（〈八佾第三，二十〉〉船山闡論：「夫人之有樂有哀，情之必發者也。樂而有所止，哀而有所節，則性之在情中者也。以其性之正者發而爲情，則爲樂爲哀，皆適如其量；任其情而違其性，則樂之極而必淫，哀之至而必傷。夫因詩以起樂，於樂而用詩，所以興起人

〔註4〕王夫之：《四書箋解，卷四，論語下論，詩可以興章》，《船山全書》第六冊，頁259。

之性情，而使歆於爲善之樂，其不可使蕩佚而流於淫與傷也，明矣。」〔註5〕人是情感的動物，詩是情志的宣揚，孔子說：「詩三百，一言以蔽之，思無邪。」（〈爲政第二，二〉）孔子以「思無邪」三字，來代表《詩經》中作品的全部精神，所謂「思無邪」，指的就是詩歌所表達出來的情感是發乎情而止乎禮的，朱注所謂：「凡詩之言，善者可以感發人之善心，惡者可以懲創人之逸志，其用歸於使人得其情性之正也。」〔註6〕無論是詩歌的創作和欣賞，都能產生移情作用和救贖作用，使個人的情緒（Mood）能時時調節而不至失衡。此四者舉之與朱注對照，亦甚相契：

興 ———	Spirit ———	感發志意
觀 ———	Insight ———	考見得失
群 ———	Behavior ———	和而不流
怨 ———	Mood ———	怨而不怒

　　2. 人不可避免的需群居而活，在群體中立身處事，自然就發展出共同生活上可依循的方法和原則。經由高度的理性作用，昇華善化，逐漸形成了共同所認定的評判基準和是非觀念，這就是「禮」。有關「禮」的內涵，《春秋左氏傳》曾有如此的詮釋：

> 夫禮，天之經也，地之義也，民之行也。（〈昭公二十五年傳文〉）〔註7〕

> 禮，政之輿也。（〈襄公二十一年傳文〉）〔註8〕

> 禮，國之幹也。（〈僖公十一年傳文〉）〔註9〕

〔註5〕　王夫之：《四書訓義，卷七，論語三》，《船山全書》第七冊，頁344。

〔註6〕　朱熹：《四書章句集注》（臺北：大安出版社，1994年第一版）頁70。

〔註7〕　（傳二五，三）夏，會于黃父，謀王室也。趙簡子令諸侯之大夫輸王粟、具戍人，曰：「明年將納王。」子大叔見趙簡子，簡子問揖讓、周旋之禮焉。對曰：「是儀也，非禮也。」簡子曰：「敢問，何謂禮？」對曰：「吉也聞諸先大夫子產曰：夫禮，天之經也，地之義也，民之行也。天地之經，而民實則之。則天之明，因地之性，生其六氣，用其五行。氣爲五味，發爲五色，章爲五聲。清，阮元：《十三經注疏，左傳》（臺北：藝文印書館，1982年），頁888。

〔註8〕　（傳二一，七）會於商任，錮欒氏也。齊侯、衛侯不敬。叔向曰：「二君者必不免。會朝，禮之經也；禮，政之輿也；政，身之守也。怠禮，失政；失政，不立，是以亂也。」清，阮元：《十三經注疏》（臺北：藝文印書館，1982年），頁593。

〔註9〕　（傳十一，二）天王使召武公、內史過賜晉侯命，受玉惰。過歸，告王曰：「晉侯其無後乎！王賜之命，而惰於受瑞，先自棄也已，其何繼之有？禮，國之

於此可知「禮」不僅是崇高的理想、是不變的原則，更是實際生活的規範、是社會的組織制度、是推行政務的工具。所以在實質上，「禮」常與「義」或「儀」合稱。「禮義」一詞，彰明作爲一具體可行的禮文，其中包含著人性昇華善化的理想概念；而「禮儀」一詞，則表明理型在生活中，藉由儀式予以具體化。「子曰：『君子義以爲質，禮以行之，孫以出之，信以成之。君子哉！』」（〈衛靈公第十五，十七〉）強調外在形式的「儀」，必須以「義」爲其驅力；而「義」則也必然要透過人爲合宜形式的「儀」來落實。

　　「等差之別」和「是非之辨」就是以「禮」來對人、事做因勢利導的理性剪裁。人際間因血緣的濃淡，交往的親疏，而自然就有了「等差之別」，所以尚禮重義的中國文化，也自然發展出重視倫理，重視名份的觀念來。臨事先在內心權衡之以「義」，然後行所當行，爲所當爲，如此必定不致悖法犯紀，而一個安己利人，和樂的社會自是可期待的。〈爲政篇〉中孔子有云：「道之以政，齊之以刑，民免而無恥；道之以德，齊之以禮，有恥且格。」（〈爲政第二，三〉），斯之謂也。

　　「等差之別」乃基於人情之常，「是非之辨」則本於事理之公。外境恆遷而不居，吾等臨事則必須要有審度權衡之能力，才能因時因地而制其所宜，於此「禮」又存有著「平衡的機制」。子曰：「恭而無禮則勞，慎而無禮則葸，勇而無禮則亂，直而無禮則絞。」（〈泰伯第八，二〉）「恭」、「慎」、「勇」、「直」四德，若無「禮」以爲檢驗機制，則反生其蔽，成「勞」、「葸」、「亂」、「絞」等不合度的行爲了。

　　由此可知，禮儀的外在制度，或因時因地而有遷變之情形。但禮之內涵，正如《禮記》所說「禮緣人情而作」，儒家從人本主義出發，以尊重人性做爲治理人民的前提，其中包含著的先賢的崇高理想，處世的智慧，是與時俱進，具有普世價值的。

　　3. 中國是道德之邦，禮樂之鄉，中國文化亦自有其別具一格的「華夏之聲」。音樂不僅是一門藝術，亦是人類文明發展到一定階段後的自然產物，反映著一定的社會現狀和實情。音樂是人情的體現，所以樂爲心聲，《樂記》說：「凡音者，生人心者也。情動於中，故形於聲，聲成文，謂之音。」〔註10〕

　　幹也；敬，禮之輿也。不敬，則禮不行；禮不行，則上下昏，何以長世？」
　　清，阮元，《十三經注疏》（臺北：藝文印書館，1982年），頁222。
〔註10〕《禮記，樂記》，《十三經注疏》（臺北：藝文印書館，1982年），頁663。

知聲而不知音，就與禽獸無所別。

　　音樂在中國，自古就有無比崇高的地位，和「禮」相提並論，所謂「禮樂一體」。古代的音樂專書《樂記》，就有「禮樂皆得，謂之有德」〔註11〕的說法。孔子重視禮樂，禮是樂化的禮，樂是要禮化的樂。禮樂各有其特性，既互相補益，又互相節制。「孔子謂季氏：『八佾舞於庭，是可忍也，孰不可忍也？』」（〈八佾第三，一〉）因季氏非君上僭禮樂，不合階級，強調正名份的孔子自是不滿，起而口誅之。中國古代音樂還擔負著移風易俗、薰陶民心的作用。考察民歌，可知吏箴，以及民風的正邪。聞鄭衛之聲、桑間之音，則必是亂邦。是以，音樂亦通乎政，「是故治世之音安以樂，其政和；亂世之音怨以怒，其政乖；亡國之音哀以思，其民困。聲音之道，與政通矣。」〔註12〕在奠定禮制、穩定政局、陶冶人心上，亦有著積極的作用。

　　音樂最具和諧性，也最強調和諧性，除了音樂本身外，無論獨奏樂器、合奏的樂器，或是大樂團的編制亦無不講究和諧。音樂是聲音的極致表現，不同的聲調、音高、音部，好的音樂作品都能將之作淋漓盡致地呈現，彼此間相襯互托，不奪不爭，互為賓主，抑揚頓挫中，讓作曲家、演奏者，以及聽眾的情感達到最大的共鳴。

　　英文的 Symphony（交響樂），乃 sym＋phony 的複合字，意指「和諧一致的音響」。而 Philharmonic（愛樂管絃樂團），亦是 phil＋harmonic 二字根的複合字，「phil」是「愛好」之意，而「harmonic」意指「和諧」，愛樂者必愛好和諧，良善的性情，完美的人格特質，本應當亦如是。孔子稱道《詩經》中〈關雎〉是「樂而不淫，哀而不傷」（〈八佾第三，二十〉）正說明合於「中和」精神的音樂，才是好的音樂。

　　詩言志，歌詠聲，舞動容，三者是性情遞升的必然表現。人不能無樂，樂不能無形。有形而無道，就不能不亂。所以，君子應該樂而不淫，哀而不傷。對情感的節制，禮偏重於行為，樂則偏重於內心，兩者不可分割。

　　「興於詩、立於禮、成於樂。」，孔子此宏音綸旨，直接點明三者在成就德性，亦即增長智慧與涵養正心上的關鍵與作用。

（二）天下之理與大同之心

　　　子張問仁於孔子，孔子曰：「能行五者於天下，為仁矣。」請問之。

〔註11〕同前註，頁 665。
〔註12〕《禮記，樂記》，《十三經注疏》（臺北：藝文印書館，1982 年），頁 663。

曰：「恭、寬、信、敏、惠。恭則不侮，寬則得眾，信則人任焉，敏

則有功，惠則足以使人。」（〈陽貨第十七，六〉）

孔子向子張問仁。孔子說：「能實行五種品德於天下，就是仁了。」子張
請問是哪五種品德。孔子說：「恭敬、寬厚、誠信、勤快、仁惠。恭敬就不會
遭受侮辱，寬厚就會得到大眾的支持，誠信就能獲得人民的信任，勤快就能
成就事功，仁惠就能夠使喚人民。」

若就施政者而言，能行恭、寬、信、敏、惠五者，就是能施仁於民；若
就個人而言，恭、寬、信、敏、惠這五種品德，如能隨時用以自省、實踐，
也就是個有仁德的人了。仁德必須要落實方能致其效用，而且是要落實在日
用生活中各個領域，表現在應對進退的 Good manner 之上。應對進退，不外待
人、處事兩大方面，此五者中，恭、寬、信側重的是待人，敏、惠側重的是
處事。與人交往期能有良好的互動（Good interactive），良好的回應（Good
response），所以恭、寬、信是待人之善道，亦是吾等期人能以之待吾者，同
理共情，能設身處地為人謀，自必能得到好的互動和回應。任事期其有功，
如此才不致虛耗心力，損人而不利己。而期其有功，除了能厚一己之德外，
君子並期其亦能利用、厚生，所以處事必期其有最大的效益（Good benefit）。

本心與天下萬事萬物浹洽順成稱之為「仁」，所以待人處事要順人之心，
應物之則。「當幾而應以其理」而謂之能行，能行則於天下，雖居夷狄之邦而
不棄，無適而不然。能得而如此，均是因「本心存而事理得」之故。所以船
山在《四書箋解》中如是詮解：

五者皆因所感而應之，接人時則「恭」，治人時則「寬」，言行與人
交時則「信」，遇事時則「敏」，施與時則「惠」，此心常存，當幾而
應以其理之謂能行。〔註13〕

在開放多元的現代社會，更是著重人與人彼此間的溝通，成功的溝通必以同
理心（Empathy）做基礎，船山所謂「因所感而應之」者是也。仁者心感而行
應之，而行亦必與天下應合，因其以真心措為事實，可信於一心，乃可信於
天下，「蓋天下有大同之心，不可欺也；吾心有天下之理，不外求也。此內外
人己合一之幾也，仁道豈遠乎哉！」〔註14〕是以恭、寬、信、敏、惠此五者，
乃衡之四海、亙之古今皆可為範式的 Universal virtue。

〔註13〕王夫之：《四書箋解，卷四》，《船山全書》第六冊，頁258。
〔註14〕王夫之：《四書訓義，卷二十一》，《船山全書》第八冊，頁908。

（三）「細膩」、「骨力」、「阿莎力」

　　樊遲問仁。子曰：「居處恭，執事敬，與人忠。雖之夷狄，不可棄也。」

　　（《子路第十三，十九》）

　　行仁之方是放諸四海而皆準的，是體現在平日的生活起居上的，而生活起居不外乎「待人」、「處事」二者，應之者必以此「本心」。以本心應物接人，於容止上必恭，主其事時必敬，與人交時必忠，因此心合於理，此理亦不忘於心，切而可求，行之弗屆。是以程子說：「此是徹上徹下語，聖人初無二語也。充之則睟面盎背，推而達之，則篤恭而天下平矣。」〔註15〕

　　年幼時，鄉老雖多不識之無，但憑其豐富的生活體驗，常告誡我們做人要「細膩」，做事要「骨力」，待人要「阿莎力」。「細膩」者，體貼，善解人意之謂，當然此處所言乃內發於善性，而非逢迎阿諛之容止。「骨力」者，勤奮努力，充溢著企圖心，積極健壯的生命力展現。而不是外在高傲的稜角，血氣之力。「阿莎力」者，樂與人善，信守道義，坦率而不拘泥，當然也不是指無原則、沒立場的鄉愿。「細膩」即所謂的恭，「骨力」即所謂的「敬」，「阿莎力」則是所謂的「忠」。俚語方言有時反可有超乎於雅正之言的生命力，也更能穿透意義的藩籬，以閩南語誦讀之，「細膩」、「骨力」、「阿莎力」此三者生動地躍然於呼吸之間，其意自顯。

　　亞都大飯店總裁嚴長壽先生在 2001 年 12 月 28 日應邀至本校（中壢高中）演講，對於日理萬機，庶務纏身的他，有來自各地不斷的邀約，自是應接不暇，得有所篩選。這難得的機緣和盛會是壢中學生以誠心打動了他的，壢中講演是嚴先生第一次對高中生所作的演講。當晚在演講一開始，他就特地提到這段過程和促成這機緣的關鍵，並提到了這位同學的名字，還特地為她準備了一本簽名書相贈與。何等地窩心，這就是體貼，就是「細膩」，就是所謂的「居處恭」。

　　亞都飯店能在硬體設施以及交通條件都稱不上是頂尖的客觀條件下，仍可在臺北旅館界，佔得一席之地，備受歐美人士推崇，憑依的就是他那股親切感，那份客人在第二次光臨時，能被記得，叫得出名字的賓至如歸的感覺。而更可貴的是，這種態度嚴先生不是只用以經營事業，對待客人，要求下屬，在那一晚，我們都見識到了那體現在時時刻刻生命情境中的美德，這才是最可珍愛，最最耀眼的特質。

〔註15〕朱熹：《四書章句集注》，頁 202～203。

　　嚴先生現在不僅是一個成功的企業經營者，更是暢銷書的作家，廣受歡迎的演說家。對一群青衿學子談話，對他而言，應是游刃有餘之事，可從容行事的。事前，他婉拒了我們接送和餐敘的邀約。會後得知，那晚定於六時三十分開始的演講會，他為了準時踐約，早在四點多就已到達中壢，在了解了學校位置和交通路線後，自行找了餐館休息用餐。準時開始的演講會，大家都沉醉在綿密紮實的內容中，加上問答，整整兩個小時，欲罷不能。

　　參加過太多的研習，也聽過不少的演講，油嘴滑舌者所在多有，內容空洞，不知所云者更不乏其人，那份學養上的貧瘠，令人不齒；那份輕佻的架式，令人不屑；那種不敬業的態度，更是最不可原諒的。

　　「執事敬」者，臨事必謹恪而盡之以忱悃，不論大小皆能一之，這就是所謂的「骨力」。

　　嚴先生會後婉拒我們為他準備的微薄演講費，他說能把自己的人生經驗和處世態度與青年朋友分享，因而能帶給他們感動和啟發，是他莫大的心願和榮耀，那就是最大的報酬和回饋。事後，我們決定把這筆款項以嚴先生的名義，轉捐給他曾為其籌募經費的屏東慈善機構，當把這樣的決定告知與他時，他自是欣喜。

　　1955 年，胡適得知陳之藩苦於無學費赴美留學，為其寄上美金四百元的支票。後來，憨厚的陳之藩辛苦的積存了點錢，便立即如數奉還胡適。「其實你不應該這樣急於還此四百元。」胡適之先生在 1957 年十月十五日的回信中嗅得出有點長輩「責備」的口吻。接著他又說：「我借出的錢，從來不盼望收回。因為我知道我借出的錢總是『一本萬利』，永遠有利息在人間的。」陳之藩先生回憶說：「如果不是詩人的懷抱與聖者的胸襟，怎麼能寫得出這樣的信來？」

　　「留利息在人間」，何等地豪邁，何等地忠懇，何等地「阿莎力」。

（四）抉擇的自由、抉擇的智慧、抉擇的效益

　　　里仁為美。擇不處仁，焉得知？（〈里仁第四，一〉）

　　生命的主動性、創造性，一直是人類所要追求的，進而說，是君子進德修業所欲企求的動力。生理上，自然形態的生命存有許多的侷限，甚或是缺陷。稟賦上，知能的生命亦存有不同的差異。將個體置放於實有的世界，面對的挑戰來自於多方——自然環境的、人文環境的。

　　面對自然環境，雖云天地無私覆私載，但嚴苛的考驗所在多有，烈火焚

風、地動海嘯、虎豹虺蟺……。但憑恃「人定勝天」的信念、意志，積極上，可成填海移山之功；消極面，亦可避卑就高，地使能竭其利，物使能盡其用，求「地利」、「物用」，則是人類主動性能消解禍端，進而創生了客觀環境的效能。是以烈火、洪水可化而為動能，飛禽、走獸可馴而為人所御所食。

主動性、創造性最能豁顯在個體的「抉擇」活動上，沒有主動性的抉擇，就稱不上是自由的抉擇，在多元化的社會中，我們擁有了抉擇的自由，抉擇亦是我們每日面對大小事物時所要處置的行為。但若沒有「智慧」作後盾、作決策的依據，「抉擇」必淪為茫然失措的惶恐，成為率性愚昧的盲從，甚或產生佛洛姆所謂「逃避自由」〔註16〕的反動。如是錯誤的抉擇，是要帶來不益反害的弊端。是以我們擁有了抉擇的自由，但若未具有抉擇的智慧，是無法獲致「抉擇」的效益的。

人文環境中，在「居處」、「交友」上，孔子就特別強調「抉擇」的重要性。此二者不似血緣脈絡，也不似稟賦資質那般，有著命定性和先天性。對於交友，孔子要我們以「事賢友仁」作為抉擇時的指標：「就有道而正」（〈學而第一，十四〉）「三人行，必有我師焉。擇其善者而從之，其不善者而改之。」（〈述而第七，二十一〉）「見賢思齊焉」（〈里仁第四，十七〉）「無友不如己者」（〈學而第一，八〉）。在居處上，則以「里仁」做為抉擇的指標，「德不孤，

〔註16〕〔德國〕佛洛姆（ErichFromm）孟祥森譯：《逃避自由》《Escape from Freedom》（臺北：志文出版社，1970年初版）。佛洛姆（西元1900～1980年）是德國精神病學家，新精神分析學派代表人之一。佛洛姆對當代西方社會所標榜的「自由」以及這種「自由」給人帶來的負擔與危險有獨到的分析。自由對現代人具有雙重意義：一方面，現代人的自由已經擺脫中古社會的束縛，顯示出在資本主義社會裡人類的基本心態，例如自力、自主、不滿現實、喜愛批評。另一方面，身體雖然得到一種新的自由，內心卻同時感到孤獨徬徨，充滿焦慮和不安，必使再屈從於新的環境。逃避自由的方法，從性質上說屬於服從的範圍，它的目的是想減輕生活中的焦躁不安，避免恐懼，但實際上並不導致幸福和自由，只不過是在不健全的現象中，可以權充為一解決方法。佛洛姆認為，積極的自由狀態，在發展過程中，不會構成惡性循環，不一定會使人孤立，不必使用上述的方法來逃避。相反，人是可以自由，卻不孤立；可以具有批評能力，而不會充滿懷疑；可以自立，而仍然是全人類的完整一部份，這種方法就是自我實現。單靠思想行為是不能實現自我的，還必須依靠實現整個人格，積極地表現人的情感和理智潛能，才能實現自我。每個人都有這種潛能，唯有把它們展現出來，才能真實有用。佛洛姆的說法：積極性的自由在於完整人格的自發活動，真正的自由必須建築在「自發的愛和工作」上。

必有鄰。」（〈里仁第四，二十五〉）講的是主體德性確立後，自然產生的感染力，凝聚力，以美德來感染他人，以善行來凝聚志趣相同之人，遂行大志；而「里仁爲美者」，講的是就可親之人，居可善之地。居處的抉擇不是淪爲方位、格局、座向上的迷信盲從，或究禍福於幽晦不可測之虛妄神鬼，而是以「人」爲中心，以「仁」爲導向的抉擇。孔子以爲人有「上下之別」〔註17〕有「仁聖之分」，〔註18〕著重的就是心性上的主動性和創造性的發揮。

雖云有「出淤泥而不染」之士，但凡人更常是環境的產物，所謂「蓬生麻中，不扶而直；白沙在涅，與之俱黑。」（《荀子，勸學》）外在環境對心性塑造上有絕對的影響，所以在居處的選擇上，想要能「里仁」，就要能發揮「處仁」的智慧，而方可達到「爲美」的效益。

（五）典範的心靈圖像

子曰：「見賢思齊焉，見不賢而內自省也。」〈里仁第四，十七〉

「賢」與「不賢」，「善」與「惡」，都是人之心性主體對外在現象，特別是人的外部行爲所做的主觀判斷。目之接物，耳之辨聲，都只是感官的作用，此作用乃人與禽獸所共有者也。而人爲萬物之靈，高貴處在道德主體之挺立，「見」只是感官的活動層面，但若能收攝至心性主體，以德性爲判準，透過「思」、「省」的工夫，自有「見賢思齊」，以及「見不賢而內自省」趨善避惡的主體效益。

效法賢者，我們常易流於對嚮慕者所成就事功面的追求。對大禹嚮慕其治水之功，對周公嚮慕其制禮作樂之功，對孔子嚮慕其爲一能穿透時空備受尊榮的「素王」。對古賢若是，對西哲亦莫非如此，對於愛因斯坦（Albert Einstein 西元 1879～1955 年）稱羨其在科學上的成就，對於佛洛伊德（Freud Sigmund 西元 1856～1939 年）稱羨其在心理學上的貢獻，對於李維史陀（Claude Lévi-Strauss 西元 1908～）稱羨其在人類學上的影響力。

對於大禹，孔子評曰：「吾無閒然矣！」（〈泰伯第八，二十一〉）稱許的是大禹「盡力乎溝洫」那份公而忘私的精神，稱許的是「有天下而不與焉」（〈泰

〔註17〕〈季氏第十六・九〉孔子曰：「生而知之者，上也；學而知之者，次也；困而學之，又其次也；困而不學，民斯爲下矣！」

〔註18〕〈雍也第六・二十八〉子貢曰：「如有博施於民，而能濟眾，何如？可謂仁乎？」子曰：「何事於仁，必也聖乎！堯舜其猶病諸！夫仁者，己欲立而立人，己欲達而達人。能近取譬，可謂仁之方也已。」

伯第八，十八〉）不留戀權位的崇高情操。對於周公我們更不能不汲取其「一沐三握髮，一飯三吐哺。」愛才納賢之胸襟；不能不讚揚其輔佐幼主，不覬覦權位之忠耿之心。對孔子其一生心念文化道統，一身力救蒼生黎庶，奔走列國，絃歌不輟的那份執著和心力，我們豈能不凜然於胸。

所以「見賢思齊」者，我們要著眼於聖賢之士、成功者那股真誠面對工作的堅毅使命感，那份真誠面對生命的自我實現力。無堅毅的使命感，不足以成就大事；無自我實現的可能，生命必不至散發其光和熱。

事功，我們都知之甚稔，而使命感以及對生命的自我實現，則常為我們所輕忽，而實為更應著重之處。

愛因斯坦是個科學家，但他並不埋首於象牙塔中，一直審視著所處的時代和社會；他也是個音樂家，藉著小提琴的的音符，來發現宇宙間和諧的旋律，也用來為弱小民族作復國運動的義演；他更是個思想家，但並不故弄玄虛、脫離現實，一直站在人道主義的立場，關心人類的前途。愛因斯坦曾經將一味追求享樂的生活目標稱之為「豬圈的理想」，他認為人生是一種冒險，單憑責任感還不夠，必須要有對人和從事的事業的熱愛和專心致志。他也在與別人的通信中這樣的說到：「真正有價值的東西不是出自雄心壯志或單純的責任感，而是出自對人和對客觀事物的熱愛和專心。」（《愛因斯坦通信選》）所以愛因斯坦說他想當「水電工」或去「擺地攤」，我們是不會懷疑他這麼說的真誠和可信度。

一九一〇年，佛洛伊德偕友人在外地旅遊時，寫信給妻子瑪莎說：「我實在不願意做個精神科醫師，或者自稱是什麼新心理學派的創始人。我寧願做個製造商，製造一些如衛生紙、火柴、鈕扣之類有用的東西。」我們想起而效法、見賢思齊的佛洛伊德，他想要做製火柴的工人，無寧是怪事一椿。他在與另外一個友人費連奇的信裡，則做了些交代：「我內心升起一股奇怪的、隱密的渴望—— 也許它是來自我祖先的遺傳 —— 一種屬於東方與地中海的遺傳，希望過另一種完全不同的生活，這些希望自兒童後期就一直無法實現。」真誠面對生命的態度，是我們在佛氏浩瀚的專業中，以及偉岸的聲譽中，也應追慕的。

人類學以及結構主義大師李維史陀不喜歡實地考察，《憂鬱的熱帶》開頭是這樣寫的：「我討厭旅行，我恨探險家。然而，現在我預備要講述我自己的探險經驗。」〔註19〕他甚至曾直言那是「女人的工作」，自認為自己是一個圖

〔註19〕〔法國〕levi-strauss 著，王志明譯：《憂鬱的熱帶》（*TRISTES TROOPIQUES*）

書館員，不是一個實地考察工作者。這樣的坦承或許只會讓無緣人打了退堂鼓，但翻開書，就能領教到他那排山倒海而來的遊歷經驗與心靈結構圖像，以及生動鮮活的想像世界與敏銳詳切的洞視眼光！

　　一個典範的追求，絕不能只是外在事功的追求，絕不能只是外在聲名的追求。對講究修己以立人，成德以淑世的聖者、賢人，在他們生命的光和熱中，我們見到了堅毅和真誠，勇氣和尊嚴。體會到他們面對逐漸形成的生命狀態，面對困境考驗時採取了恰當態度的「勇氣」。領略及一種既存的生命特質，一種待創造的內涵，一種獨立自足的特質，以及透過行動彰顯而出的「尊嚴」。

附錄　王溢嘉：〈愛因斯坦擺地攤〉

　　一位友人的兒子雖然才上小學三年級而已，但已經「學富五車」，看遍了《漢聲小百科》、《自然圖書館》、《一萬個為什麼》、《世界童話全集》等大部頭的童書，電腦的功力更不可小覷，有很多我到現在還霧煞煞的一些軟體，他都已經駕輕就熟。有一次我問他：「你將來想當什麼？」他很有自信地說：「想當愛因斯坦！」

　　真是英雄出少年哪。想當年，像他這樣年紀時，我還赤腳穿著短褲，在臺中公園爬樹，心裡想的是什麼時候才能再吃到一毛錢四顆的「金甘糖」，哪裡知道什麼愛因斯坦。也許是出於非理性的妒羨，我又問他：「那知道愛因斯坦想當什麼嗎？」他一下子愣住了，慧黠的雙眼在已有度數的眼鏡後尋思。「愛因斯坦想當什麼呢？」這可不是他讀過的書上會說的。「總之，愛因斯坦是不想當愛因斯坦就對了。」我突然覺得這對小孩子似乎太殘忍了點，只好這樣說。

　　那愛因斯坦想當什麼呢？我不忍說出口的是，愛因斯坦說他想當「水電工」或去「擺地攤」。這可不是我瞎掰的，愛因斯坦在一九五四年接受《記者雜誌》專訪時就說：「如果我能回到從前，而且必須決定怎樣謀生，那我不會想成為一個科學家、學者或老師。我寧願做個水電工或擺地攤的，因為我希望在今天的情況下，過像這樣獨立生活是可能的。」

　　有人想當愛因斯坦，自然就有人想當佛洛伊德。而佛洛伊德本人，

（臺北：聯經出版事業公司，1989 年），頁 1。

當然也是不想當佛洛伊德的。一九一○年，佛洛伊德和友人到外地旅遊，在寫給妻子瑪莎的信裡說：「能夠和三兩個人欣賞這種風景，我實在不願意去做個精神科醫師，或者自稱是什麼新心理學派的創始人。我寧願做個製造商，製造一些如衛生紙、火柴、鈕扣之類有用的東西。現在學這些東西已經太遲，所以我只能帶著痛悔之意，繼續過著自我陶醉的生活。」

這真是怪事，人人效法偉人，想見賢思齊。但偉人卻說他們渴望去「擺地攤」或「製造鈕扣」。佛洛伊德乃是精神分析的祖師爺，雖然當得有點心不甘情不願，但既是精神分析，就必須對此「講清楚、說明白。」而他在寫給費連奇的信裡，也做了些交代：「我內心升起一股奇怪的、隱密的渴望──也許它是來自我祖先的遺傳──一種屬於東方與地中海的遺傳，希望過另一種完全不同的生活，這些希望自兒童後期就一直無法實現。」

看來好像有某些道理，但碰上法國小說家紀德似乎就說不通了。紀德五十六歲時到剛果旅行兼考察，在遙遠的布拉薩城，他目睹白蟻的巢穴，而真情流露地說，如果能再世為人，那麼為了他的幸福，他願意終生研究白蟻，將心血交付這種可愛的小動物，而不想寫什麼小說，辦什麼《法蘭西評論》，做什麼「法國青年的導師」了。

那是做一行怨一行嗎？結構主義大師李維史陀另有他的交代。身為一個人類學家，他居然在《憂鬱的熱帶》開場白就說：「旅行和旅行者，兩者都是我所憎厭的。」後來就說得更白了：「我為什麼要做學問？我在工作時備受焦慮不安的心情所折磨，……工作並沒有帶給我更多的樂趣」，他的工作只是為了「打發無聊」。他也是做得很「心不甘情不願呀！」

所以，偉人真正偉大的地方是，他會老老實實告訴我們：『予豈好當偉人哉？予不得已也！』（摘錄自《中國時報，三少四壯集》）

（六）一認則兩過俱無

過而不改，是謂過矣！（〈衛靈公第十五，二九〉）

人類的「視、聽、言、動」這些感官活動，雖是與天俱有、不學而能的基本能力，但「視、聽、言、動」需要與外在的實存世界互動，才能產生積

極的作用，要不然，個人不具認知外在世界，表達一己意識的能力，人類彼此之間也就失去了互為溝通、聯繫的憑藉。「視、聽、言、動」既然需要靠對外在世界的理解，以及與他人共有的符碼作為基礎，那麼原是純然感官之機械性、功能性操作的能力，就必然地要和內在意志產生掛搭。嚴格地說，一個成熟的個體，是以意志去統御他的感官活動，惟有如是由內而外，由意而動的「視、聽、言、動」，才是圓融的活動。

「視、聽、言、動」既是感官的操作能力，此種機械性的特性，必須透過學習才得臻於熟練。目之識物，耳之辨聲，莫不如是，在這由生而熟的過程中，失誤難免，但這種由於未能純熟而造成的失誤，並不致造成德行上的過錯和責任。

「『過』而不改」、「是謂『過』矣」此二「過」字同字而殊義。以英文比附之，「過而不改」之「過」字，相當於英文中的 mistake、error，「人非聖賢，孰能無過。」（《左傳，宣公二年》）之「過」意蘊亦偏重於此，船山也說：「謂之曰『過』，則雖在小人，於此一事亦不是立意為惡，而特偶然之失爾。」〔註20〕側重在操作上「視、聽、言、動」的失誤和錯誤，亦即所謂的「無心之過」，未以意逆之，以志統之，是因少了一份純熟的能力，省察的心智，所犯下的錯誤、失誤。

人是個不斷求精進的個體，人的心性饒富創造性，《孟子，告子上》說：「人性之善也，猶水之就下也。」這是人性的殊勝之處。人性有趨善的可貴之處，是以失誤、錯誤（mistake、error）是可更而改之、超而克之的。

「有過是一過，不肯認過又是一過。一認則兩過俱無，一不認則兩過不免。彼強辯以飾非者，果何為也？」〔註21〕呂坤的這一段話適足作為註腳。一個不能認清自己的個體，是缺乏省知能力的，一個不能「過則勿憚改」的個體，是缺乏創造生命力的；一個不求精進的個體，是貧瘠、墮落的。於此失誤、錯誤，未及更而改之；意志、德性不能超而克之，失誤、錯誤就變質而為「罪過」（crime），是須在良知上承負的「責任」了。以英文比附之，mistake、error 轉而成為 fault，更甚者，或將淪為 crime。「It's my fault!」，這句話代表了責任的承擔，也意味著內在的反省，「一認則兩過俱無」，人於此不僅是「視、聽、言、動」的感官操作能力能趨於圓熟，內在的心智、德性也因而臻於美善。

〔註20〕王夫之：《讀四書大全說》，《船山全書》第六冊，頁 884。
〔註21〕呂坤：《呻吟語》（臺北：河洛出版社，1974 年）頁 95。

參考書目

一、船山著述

1. 《周易外傳》,《船山全書》第一冊,湖南:嶽麓書社,1996 年初版。
2. 《周易大象傳》,《船山全書》第一冊,湖南:嶽麓書社,1996 年初版。
3. 《尚書稗疏》,《船山全書》第二冊,湖南:嶽麓書社,1996 年初版。
4. 《尚書引義》,《船山全書》第二冊,湖南:嶽麓書社,1996 年初版。
5. 《詩經稗疏》,《船山全書》第三冊,湖南:嶽麓書社,1996 年初版。
6. 《春秋家說》,《船山全書》第五冊,湖南:嶽麓書社,1996 年初版。
7. 《讀四書大全說》,《船山全書》第六冊,湖南:嶽麓書社,1996 年初版。
8. 《四書箋解》,《船山全書》第六冊,湖南:嶽麓書社,1996 年初版。
9. 《四書稗疏》,《船山全書》第六冊,湖南:嶽麓書社,1996 年初版。
10. 《四書考異》,《船山全書》第六冊,湖南:嶽麓書社,1996 年初版。
11. 《四書訓義》,《船山全書》第七冊、第八冊,湖南:嶽麓書社,1996 年初版。
12. 《讀通鑑論》,《船山全書》第十冊,湖南:嶽麓書社,1996 年初版。
13. 《張子正蒙注》,《船山全書》第十二冊,湖南:嶽麓書社,1996 年初版。
14. 《噩夢》,《船山全書》,第十二冊,湖南:嶽麓書社,1996 年初版。
15. 《黃書》,《船山全書》第十二冊,湖南:嶽麓書社,1996 年初版。
16. 《思問錄》,《船山全書》第十二冊,湖南:嶽麓書社,1996 年初版
17. 《老子衍》,《船山全書》第十三冊,湖南:嶽麓書社,1996 年初版。
18. 《莊子通》,《船山全書》第十三冊,湖南:嶽麓書社,1996 年初版。
19. 《薑齋文集》,《船山全書》第十五冊,湖南:嶽麓書社,1996 年初版。

20. 《薑齋詩話》,《船山全書》第十五冊,湖南:嶽麓書社,1996年初版。

21. 《薑齋詩集》,《船山全書》第十五冊,湖南:嶽麓書社,1996年初版。

22. 《新譯薑齋文集》平慧善譯,臺北:三民書局,1998年初版。

二、相關原典(依作者姓氏筆劃為序)

1. 《經義述聞》,王引之著,臺北:廣文書局,1963年初版。

2. 《論語稽求篇》,毛奇齡著,臺北:藝文印書館,1966年初版。

3. 《方苞集》,方苞著,《傳世藏書,別集13》,北京:海南國際新聞出版中心,1996年初版。

4. 《四書章句集注》,朱熹著,臺北,大安出版社,1994年初版。

5. 《朱子語類》,朱熹著,臺北:正中書局,1973年初版。

6. 《朱舜水集》,朱舜水著,臺北:漢京文化事業有限公司,1984年初版。

7. 《鮚埼亭集》,全祖望著,臺北:華世出版社,1977年初版。

8. 《左傳》,《十三經注疏》,阮元編,臺北:藝文印書館,1982年初版。

9. 《禮記,樂記》,《十三經注疏》,阮元編,臺北:藝文印書館,1982年初版。

10. 《呻吟語》,呂坤著,臺北:河洛出版社,1974年初版。

11. 《思復堂文集》,邵廷采著,臺北:華世出版社,1977年初版。

12. 《四庫全書總目提要》,紀昀撰,臺北:商務印書館,1971年初版。

13. 《陳確集》,陳確著,臺北:漢京文化事業有限公司,1984年初版。

14. 《新校本宋史并附編三種》,脫脫等撰,臺北:鼎文書局,1994年初版。

15. 《三魚堂文集》,陸隴其著,《景印文淵閣四庫全書,集部480》,臺北:臺灣商務印書館,1983年初版。

16. 《莊子注》,郭象著,臺北:臺灣商務印書館,1983年初版。

17. 《明儒學案》,黃宗羲著,北京:中華書局,1985年初版。

18. 《陶庵全集》,黃淳耀著,《四庫全書珍本十二集》,臺北:臺灣商務印書館,1982年初版。

19. 《少墟集》,馮從吾著,《四庫全書珍本五集》,臺北:臺灣商務印書館,1974年版。

20. 《易程傳,易本義》,程頤,朱熹著,臺北:河洛圖書出版社,1974年初版。

21. 《論語集釋》,程樹德著,北京:中華書局,1997年第4版。

22. 《聰訓齋語評註》,張英著,王熙元審訂,江煜坤、林義烈評註,臺北:中央日報出版社,1994年初版。

23. 《清史稿》，趙爾巽、柯劭忞等撰，臺北：洪氏出版社，1981 年初版。

24. 《牧齋初學集》，錢謙益著，上海：古籍出版社，1985 年初版。

25. 《老子本義》，魏源著，臺北：世界書局，1972 初版。

26. 《震川先生集》，歸有光著，上海：古籍出版社，1981 年初版。

27. 《高僧傳》，釋慧皎著，臺北：廣文書局，1971 年初版。

28. 《日知錄》，顧炎武著，《傳世藏書，文史筆記 2》，北京：海南國際新聞出版中心，1996 年初版。

三、後人研究船山學之相關專書及期刊論文（依作者姓氏筆劃爲序）

1. 《船山學譜》，王孝魚著，臺北：廣文書局，1975 年初版。

2. 〈論王夫之的治學方法〉，宋偉民撰，臺北：《中國文化季刊》，1995 年 4 月。

3. 《王船山人性史哲學之研究》，林安梧著，臺北：東大圖書公司，1987 年初版。

4. 〈王船山人性論之結構 —— 以《讀四書大全說》爲主要範圍〉，林明宣撰，臺北：《思與言》，1995 年 12 月。

5. 〈論船山實踐進路的兩端一致論〉，林宣慧撰，中央大學哲學研究所碩士論文，1994 年。

6. 《王夫之與中國文化》，胡發貴著，貴州：貴州人民出版社，2000 年初版。

7. 〈王夫之對於傳統學說的發展〉，《中國思想通史》第五冊，侯外廬著，北京：人民出版社，1956 年初版。

8. 《王船山的致知論》，許冠三著，香港：中文大學出版社，1981 年初版。

9. 《王船山哲學》，曾昭旭著，臺北：遠流出版社，1983 年初版。

10. 〈論儒家工夫論的轉向 —— 從王陽明到王船山〉，曾昭旭撰，臺北：《鵝湖月刊》，第十七卷第五期，1991 年 11 月。

11. 《王船山學術論叢》，嵇文甫著，臺北：谷風出版社，1987 年初版。

12. 《船山哲學》，張立文著，臺北：七略出版社，2000 年初版。

13. 《明王船山先生夫之年表》，張西河著，臺北：臺灣商務印書館，1978 年初版。

14. 〈明末清初一代儒宗王船山先生傳〉，張克偉撰，臺北：《湖南文獻》，1993 年 4 月。

15. 〈王夫之《詩經稗疏》芻論〉，張澂撰，上海：《華東師範大學學報》，《哲學社會科學版》，1987 年三期。

16. 〈王船山思想的淵源〉，馮玉輝撰，臺北：《中國文化季刊》，1991 年 9 月。

17. 〈王夫之的知能教育觀〉，喻寶善撰，臺北：《中國文化季刊》，1991 年 9 月。

18. 〈王船山《老子衍》研究〉，傅淑華撰，中央大學哲學研究所碩士論文，2001 年。

19. 《王夫之學行繫年》，劉春建著，河南：新華書局，1989 年初版。

20. 〈論王船山易學與氣論並重的形上學進路〉，杜保瑞撰，臺灣大學哲學研究所博士論文，1992 年。

四、其他相關著作（依作者姓氏筆劃爲序）

1. 《儒學與廿一世紀》，中國孔子基金會編，北京：華夏出版社，1996 年初版。

2. 《心體與性體》，牟宗三著，臺北：正中書局，1987 年版。

3. 《中國哲學十九講》，牟宗三著，臺北：學生書局，1983 年初版。

4. 《論中西哲學精神》，成中英著，上海：東方出版中心，1991 年初版。

5. 《中國哲學的現代化與世界化》，成中英著，臺北：聯經出版事業公司，1985 年初版。

6. 《C 理論：易經管理哲學》，成中英著，臺北：東大圖書公司，1995 年初版。

7. 《世紀之交的抉擇——論中西哲學的會通與融合》，成中英著，北京：知識出版社，1991 年初版。

9. 〈方法概念與本體詮釋學〉，成中英撰，《中國論壇》第十九卷第一期，1984 年 10 月。

10. 〈中國哲學當前的核心與周邊問題〉，成中英撰，香港：《哲思雜誌》，第一卷第一期，1998 年 3 月。

11. 《歷史與思想》，余英時著，臺北：聯經出版社，1976 年初版。

12. 《中國知識階層史論·古代篇》，余英時著，臺北：聯經出版事業公司，1980 年初版。

13. 《歷史與思想》，余英時著，臺北：聯經出版事業公司，1979 年初版。

14. 《跨世紀的中國哲學》，沈清松編，臺北：五南圖書出版公司，2001 年初版。

15. 《中國經典詮釋學傳統（二），儒學篇》，李明輝編，臺北：喜瑪拉雅研究發展基金會，2002 年初版。

16. 《中國古代思想史論》，李澤厚著，臺北：三民書局，1996 年初版。

17. 《儒家思想的現代轉化——杜維明新儒學論著輯要》，杜維明著，臺北：東大公司，1992 年初版。

18. 《儒家思想——以創作轉化為自我認同》，杜維明著，臺北：東大圖書公司，1997 年初版。

19. 《儒學革命論》，林安梧著，臺北：學生書局，1998 年初版。

20. 《現代儒學論衡》，林安梧著，臺北：業強出版社，1987 年初版。

21. 〈關於中國解釋學的五個層級——「道」、「意」、「象」、「構」、「言」〉林安梧撰，北京：公法評論網，http://www.gongfa.com/jieshixuezhuanti.htm。

22. 〈後新儒家哲學之擬講：從「兩層存有論」到「存有三態論」〉，林安梧撰，（收錄於《跨世紀的中國哲學》，沈清松編，臺北：五南圖書出版公司，2001 年初版。）

23. 《意義——詮釋學的啟迪》，周華山著，臺北：臺灣商務印書館，1995 年初版。

24. 《劍橋哲學辭典》中文版，林正弘主編，臺北：貓頭鷹出版社，2002 年初版。

25. 《中國經學史》，馬宗霍著，臺北：臺灣商務印書館，1992 年初版。

26. 《理解與解釋》，洪漢鼎著，北京：東方出版社，2001 年初版。

27. 《理解的命運》，殷鼎著，臺北：東大圖書公司，1990 年初版。

28. 《中國哲學原論，原教篇》，唐君毅著，臺北：學生書局，1990 年版。

29. 《重釋傳統——儒家思想的現代價值評估》，唐凱麟·曹剛著，上海：華東師範大學出版社，2000 年初版。

30. 《老子哲學之詮譯與重建》，袁保新著，臺北：文津出版社，1997 年初版。

31. 《萬達瑪詮譯學與中國哲學的詮釋》，陳榮華著，臺北：明文書局，1998 年初版。

32. 《文本與詮釋》，《哲學雜誌季刊》第三十四期，2001 年 1 月。

33. 《新世紀·舊經典》，《哲學雜誌季刊》，第三十二期，2000 年 3 月。

34. 《周孔子論語年譜》，程復心著，臺北：商務印書館，1978 年初版。

35. 《清代學術概論》，梁啟超著，臺北：臺灣商務印書館，1985 年初版。

36. 《宋明新儒學略論》，馮達文著，廣東：人民出版社，1998 年初版。

37. 《早期中國哲學略論》，馮達文著，廣東，人民出版社，1998 年初版。

38. 《從創造的詮釋學到大乘佛學》，傅偉勳著，臺北：東大圖書公司，1990 年初版。

39. 《四書學考》，傅武光撰，國立臺灣師範大學國文研究所碩士論文，1974 年。

40. 《詮釋學導論》，潘德榮著，臺北：五南圖書出版公司，1999 年初版。

41. 《儒學傳統與文化創新》，黃俊傑著，臺北：東大圖書公司，1986 年初版。

42. 《東亞儒學史的新視野》，黃俊傑著，臺北：喜瑪拉雅研究發展基金會，2002 年初版。

43. 《中國經典詮釋學傳統（一），通論篇》，黃俊傑編，臺北：喜瑪拉雅研究發展基金會，2002 年初版。

44. 《中國經典詮釋學傳統（三），文學與道家經典篇》，楊儒賓編，臺北：喜瑪拉雅研究發展基金會，2002 年初版。

45. 《日本漢學研究初探》，張寶三、楊儒賓編，臺北：喜瑪拉雅研究發展基金會，2002 年初版。

46. 〈能否建立中國的「解釋學」〉，湯一介撰，《學人》第 13 輯，江蘇：文藝出版社，1998 年 3 月。

47. 〈再論創建中國的解釋學〉，湯一介撰，北京：《中國社會科學雜誌》，2000 年第一期。

48. 〈三論創建中國解釋學問題〉，湯一介撰，北京：《中國文化研究》，2000 年第 2 期。

49. 《佛光大辭典》，慈怡主編，臺北：佛光出版社，1988 年初版。

50. 《易圖象與易詮釋》，鄭吉雄編，臺北：喜瑪拉雅研究發展基金會，2002 年初版。

51. 《孔子與論語》，錢穆著，臺北：聯經出版事業公司，1983 年初版。

52. 《中國學術思想史論叢（八）》，《錢賓四先生全集》，錢穆著，臺北：聯經出版事業公司，1995 年初版。

53. 《高級中學中國文化基本教材》第一冊～第三冊，臺南：翰林出版社，1999 年初版。

54. 《Truth and Method》，Hans-Georg Gadamer，New York：The Continuum Publishing Company，1993。

55. 《真理與方法》，（《Wahrheit und Methode》），〔德國〕Hans-Georg Gadamer 著，吳文勇譯，臺北：南方叢書出版社，1988 年初版。

56. 《存在與時間》，（《Being and Time》），〔德國〕Martin Heidegger 著，王慶節、陳嘉映譯，臺北：桂冠圖書公司，1990 年初版。

57. 《逃避自由》，（《Escape from Freedom》），〔德國〕Erich Fromm 著，孟祥森譯，臺北：志文出版社，1970 年初版。

58. 《憂鬱的熱帶》，（Tristes Troopiques），〔法國〕Levi-Strauss 著，王志明譯，臺北：聯經出版事業公司，1989 年初版。